늘 연습하셔서
발전하는 분이 되시길 바라겠습니다.

이무하

무조건 통과하는

공문서 작성법

무조건 통과하는
공문서 작성법

현직 공무원이 한 권으로 정리한 공문서 바로 쓰기

이무하 지음

추천사

지금까지 '공문서 작성법'에 관한 책이 없었다는 사실이 놀랍다. 참고할 만한 책이 없어서 기관의 실무자들이 관행에 따라 공문서를 생산하고 있다. 원칙이 무엇인지도 모른 채 말이다. 이 책은 공문서를 처음 작성하는 사람은 물론 경력이 오래된 사람들에게도 공문서 작성의 기본과 원칙을 일깨워준다.

조성제 _ 대구한의대학교 경찰행정학과 교수(법학 박사)

기관마다 공문서 작성 원칙을 정해두고 있는 경우가 많다. 그런데 낡은 표현이거나, 일본식 표현, 어려운 한자어 등으로 어색하고 이해하기 어려운 내용이 많다. 이 책은 중요한 사항을 명확하게 작성하는 방법을 알려준다. 책뿐 아니라 재미와 감동이 함께하는 선생님의 강의도 강력 추천한다.

진동규 _ 도로교통공단 교육본부 차장

지금까지 이런 강의는 없었다. 공직 생활 10년 동안 공문서를 올바르게 쓰고 있었나 하는 생각이 들 정도로 한순간도 놓칠 수 없는 강의였다. 그런데 그 내용을 한 권의 책으로 고스란히 옮겼다니 정말 반가운 소식이다. 공문서를 항상 작성해야 하는 공무원에게 이 책이야말로 필독서가 아닐까? 신규 공무원을 위한 개념편과 기초편부터 선배 공무원을 위한 심화편까지 공문서 작성을 한 번에 끝내고 싶다면 이 책을 주목하라!

이란주 _ 전라북도인재개발원 주무관

잘 쓴 공문서를 보면 기분이 좋다. 상대방이 요구하는 것이 무엇인지, 일하는 입장에서 어떠한 결과물을 만들어내야 하는지를 정확하게 파악할 수 있기 때문이다. 당연히 업무 효율성도 높아질 수밖에 없다. 또한 잘 쓴 공문서에서 그 사람의 면면을 느낄 수도 있다. 이무하 강사의 공문서 작성법 강의를 직접 들어보면 좋겠지만 여의치 않다면 이 책을 꼭 한 번 읽기를 권한다. 자신이 쓴 공문서를 보면서 기분이 좋아지는 것을 느낄 수 있을 것이다.

이수용 _ 연세대학교 인사팀(교육학 박사)

공문서 작성에 대한 원칙과 체계를 인지하지 못할 때 해당 강의를 만나게 되었다. 신입일 때 강의를 만났더라면 지금보다 나은 공문서를 작성할 수 있었을 것이다. 지금이라도 만나서 다행이다. 강의 내용을 담은 이 책이 더 많은 직장인에게 공문서 작성을 위한 참고서가 되기를 바란다.

김기태 _ 한국사학진흥재단 주무행정관

20년 전 처음 시작한 공무원 생활, 그중에서도 가장 힘든 점은 과장님께 공문(기안문)을 올리는 것이었다. 내용도 중요하지만 맞춤법이 맞는지, 띄어쓰기는 맞는지 항상 두근거리는 마음이었다. 선배들도 정확히 모르고 예전에 작성된 공문서를 보고 따라 하면 된다고 조언하는 것이 다였다. 그때 이 책이 있었다면 어땠을까? 답안지처럼 찾아보면서 자신 있고 당당하게 공문서를 작성했을 것이다. 책꽂이에 꽂아두고 수시로 펼쳐보면 공문서 작성의 달인이 될 수 있다.

주미영 _ 대구광역시 남구청 주무관

공문서 작성이 중요한 이유

처음 공무원이 되어 본청에 전입했을 때 의아했던 것은 공문서 작성법을 정확하게 알려주는 사람이 아무도 없다는 것이었습니다. 분명히 공문서 규정과 지침이 있을 텐데 누군가 "이건 이렇게 작성해야 한다"라고 명확하게 알려주는 분이 있으면 좋겠다는 생각을 하곤 했습니다.

공문서 작성법은 「행정업무의 운영 및 혁신에 관한 규정」을 기본으로 하고, 행정안전부의 〈행정업무운영 편람〉과 지방자치인재개발원의 〈행정업무운영실무〉 그리고 국립국어원의 〈한눈에 알아보는 공공언어 바로 쓰기〉 등의 책자에서 관련 내용을 제시하고 있습니다.

먼저 국립국어원의 〈쉬운 공공언어 쓰기 길잡이〉에서는 "공문을 기안할 때는 누구나 이해할 수 있는 쉬운 언어를 사용해야 한다. 잘못된 표기나 문맥에 맞지 않는 어휘가 있는 공문은 신뢰하기 어렵다."라고 이야기하고 있습니다.

여러분이 공문으로 자료 요청을 받은 후 붙임 파일인 엑셀 자료를 하루 종일 열심히 작성해서 시스템으로 결재를 올렸습니다. 문제는 세상의 어떤 팀장님도 시스템에 첨부된 파일부터 열어보는 경우는 없다는 것입니다. 제목부터 시작해서 본문의 내용을 검토하다 혹시라도 문서에서 가장 기본적인 오타나 띄어쓰기, 문맥에 맞지 않은 표현을 발견한다면 첨부된 파일을 열기도 전에 이런 생각을 할 것입니다. '이 직원이 붙임 파일은 제대로 작성했을까?'

행정안전부의 〈행정업무운영 편람〉에서는 우리가 올바른 공문서를 작성해야 하는 이유를 다음 3가지로 제시하고 있습니다.

첫째, 정확한 의사소통입니다. 한번은 어떤 분이 본청에서 학교로 공문을 발송했는데, 10분이 지나자 학교에서 전화가 오기 시작했습니다. "이 공문은 도대체 무엇을 작성하라는 것인지 모르겠습니다." 이렇게 시작된 전화가 시간이 갈수록 점점 많아졌습니다. 주변 동료들이 전화를 당겨 받다가 결국 그분이 선택한 것은 조금 더 이해하기 쉽게 다시 공문을 보내는 것이었습니다. 누구나 알기 쉽게 공문을 작성했다면 애초에 이런 상황이 발생하지 않았을 것입니다.

둘째, 문서에도 품격이 있습니다. 부서에서 문서관리 대장을 검색하다 우연히 어떤 분의 공문을 열어보았습니다. 제목부터 붙임까지 잘못된 표현을 하나도 찾을 수 없었습니다. '어쩜 이렇게 공문을 완벽하게 작성할 수 있을까?' 한편으로는 궁금하고 한편으로는 조금 얄미웠습니다. 좀 과장하자면 문서에서 빛이 나는 것 같았습니다.

셋째, 기관의 대외적 권위와 신뢰도에 영향을 미칠 수 있습니다. A기관에서 B기관으로 공문을 보낼 때 B기관 입장에서는 A기관에서 발송한 공문이 A기관을 대표하게 됩니다.

실제로 현직에서 경력이 오래된 분들도 공문서 규정을 정확히 모른 채 관행대로 작성하고 있는 실정입니다. 퇴직할 때까지 계속 써야 하는 공문, 올바르게 작성하는 것이 여러분의 기본이자 실력이 될 것입니다.

여기저기 흩어져 있는 책자들 속에서 알고 싶은 내용을 바로 찾아내기란 쉽지 않습니다. 그래서 2013년부터 2020년까지 공문서와 관련된 자료가 발간될 때마다 검토하여 공문서 작성 순서에 따라 24쪽 분량으로 요약하였습니다. 자료에 없는 내용은 행정안전부와 국립국어원, 법제처에 질의하였습니다. 2020년에 24쪽 요약본을 국립국어원에 요청하여 감수받았고, 그해 8월 〈공문서 작성의 정석〉이라는 이름으로 네이버에 대국민 공개하였습니다.

여러 해 동안 정리하면서 공문서 작성의 일정한 흐름과 정확한 표현 방법을 찾을 수 있었습니다. 이 책에는 공문서를 작성하면서 우리가 가장 많이 쓰고 반드시 알아야 하는 핵심적인 사항만을 다루었습니다. 그리고 우리나라의 전국 대학교와 공공기관, 연수원 등 수많은 기관을 대상으로 강의하면서 실무자들이 궁금해하는 질문 사항과 답변을 함께 정리하였습니다.

이제 공문서 작성법은 이 책 한 권으로 끝낼 수 있습니다. 여러분은 이 책에서 제시한 내용 그대로 따라서 작성하시면 됩니다. 이 책 한 권만 반복해서 보신다면 여러분은 누구보다 공문서를 올바르고 쉽게 작성할 수 있을 것입니다.

우리나라 공문서의 표준화를 기대합니다.

이무하

차례

추천사 ⋯ 4
머리말 ⋯ 6

1부 개념편

1. 공공언어와 공문서 ⋯ 16
2. 공문서 작성의 원칙 ⋯ 19
3. 공문서 작성 시 적용하는 규정의 우선순위 ⋯ 21
4. 공문서의 서식 ⋯ 24
5. 기본선과 한계선 ⋯ 28
6. 항목 기호와 특수 기호 ⋯ 30
7. 공문서의 작성 방법 개선·시행 ⋯ 32
8. 〈[개정] 한눈에 알아보는 공공언어 바로 쓰기〉 활용법 ⋯ 34

2부 기초편

1. 항목 표시의 원칙 ⋯ 38
2. 첫째 항목 기호 '1.'의 위치 ⋯ 41
3. 둘째 항목 기호 '가.'의 위치 ⋯ 43
4. 항목이 두 줄 이상일 때 정렬 방법 ⋯ 44
5. 항목 기호와 항목 내용 사이 띄어쓰기 ⋯ 47
6. 항목이 하나만 있는 경우 항목 기호 표시 ⋯ 48
7. 항목과 항목 사이 띄어쓰기 ⋯ 51
8. 날짜 표기법 ⋯ 54
9. 연도를 생략할 때 ⋯ 58
10. 관련 근거에 '호'를 붙여야 하나요? ⋯ 60
11. '위 호 관련'은 올바른 표기입니까? ⋯ 62

12. '만전을 기하여 주시기 바랍니다' ··· 65

13. '적극 협조해 주시기 바랍니다' ··· 67

14. '다음과 같이', '아래와 같이' ··· 69

15. '산출 내역', '예산 교부 내역'에서 '내역'은 어떻게 바꿔 써야 하나요? ··· 71

16. 표에서 '이하 빈칸'은 언제 써야 하나요? ··· 74

17. 금액 표기의 원칙 ··· 76

18. 시간 표기법 ··· 78

19. '붙임'과 '1부'를 정확하게 표기하는 방법 ··· 80

20. 표나 문장으로 끝났을 때 '끝' 표시 ··· 82

21. '수신자'와 '쪽 번호' 표시 ··· 84

22. 물결표(~)와 붙임표(-) ··· 86

23. '2023. 3. 1.자' 띄어쓰기가 맞나요? ··· 89

24. '우리 기관'과 '우리나라, 우리말, 우리글' ··· 91

25. '귀 기관'과 '귀사, 귀교, 귀댁' ··· 92

26. '신청 건'과 '사업명' ··· 94

27. '서울과 부산 간'과 '이틀간' ··· 95

28. '계약 시'와 '기본계획상'의 띄어쓰기 ··· 97

29. '~중'의 띄어쓰기 ··· 99

30. 단위명사와 의존명사 ··· 100

31. 관형사와 접두사의 띄어쓰기 ··· 103

32. 보조용언 띄어쓰기 ··· 105

33. 구분하여 작성하기 ··· 107

34. 사용에 주의해야 할 표현 ··· 114

35. 차별적 표현 삼가기 ··· 119

36. 이해하기 쉬운 우리말 사용하기 ··· 120

37. 외래어, 외국어 표현 삼가기 ··· 123

38. 그 밖에 다듬어 써야 할 표현들 ··· 125

3부 심화편

1. 공문 제목 앞에 '긴급', '제출', '알림' 등의 핵심 용어를 표시해야 하나요? ··· 130

2. '계획'과 '계획(안)'의 차이가 무엇인가요? ··· 131

3. '귀 기관의 무궁한 발전을 기원합니다'라는 인사말을 꼭 적어야 하나요? ··· 132

4. '관련'과 '귀 기관의 무궁한 발전을 기원합니다' 중 먼저 써야 하는 것은? ··· 133

5. 관련 근거가 두 줄 이상인 경우 정렬 방법은? ··· 134

6. 항목이 하나만 있는 경우 특수 기호 '-'를 쓰는 것이 올바른 표기인가요? ··· 136

7. 공문 제목은 큰따옴표? 작은따옴표? ··· 137

8. '1. 관련'과 '2. 위 호와 관련하여'는 중복된 표기인가요? ··· 139

9. '실시하다'를 '하다'로 순화해서 써야 하나요? ··· 140

10. '홈페이지에 탑재하다'가 올바른 표기인가요? ··· 142

11. '~호 관련입니다'는 올바른 표기 방법인가요? ··· 143

12. '하오니/하니', '위하여/위해', '하여야/해야' 모두 사용할 수 있나요? ··· 144

13. '개선방안', '기대효과', '행정사항'의 띄어쓰기는? ··· 145

14. '제출 기한' 뒤에 '까지'를 적으면 중복된 표기인가요? ··· 149

15. '해당사항 없음을 제출합니다'는 올바른 표기 방법인가요? ··· 150

16. 표 오른쪽 위에 단위를 표기하는 방법은? ··· 152

17. 표의 양쪽 테두리 선은 없어야 하나요? ··· 153

18. 본문에서 표의 정확한 위치는? ··· 154

19. 표를 그리다가 중간에 끝났을 경우 '끝' 표시는? ··· 156

20. 표의 중간에서 기재 사항이 끝나는 경우 표기하는
    '이하 빈칸'을 '아래 빈칸'으로 순화해서 작성해야 하나요? ··· 157

21. 공문 제목에서 '2022년'을 '2022.'으로 마침표를 사용할 수 있나요? ··· 159

22. '2022년도', '2022년', '2022' 차이가 뭐죠? ··· 161

23. '붙임 참조'가 맞나요, '붙임 참고'가 맞나요? ··· 162

24. 붙임으로 한글 문서 10개를 압축(ZIP) 파일 1개로 첨부했을 때
    '1부'인가요, '10부'인가요? ··· 164

25. '별도 송부'의 올바른 표기 방법은? ⋯ 166

26. 붙임의 이름을 작성할 때 파일명 그대로 다 적어야 하나요? ⋯ 167

27. 붙임 파일명이 길어서 두 줄 이상인 경우 정렬 방법은? ⋯ 168

28. 의견 조회 공문에서 본문이 참고표(※) 문장으로 끝났을 경우 '끝' 표시는? ⋯ 169

29. 참고표(※) 문장으로 시작할 때 참고표의 정렬 위치는? ⋯ 170

30. 개인정보 관련 '유의 사항'이나 발송 기관 관련 '안내 문구'의 위치는? ⋯ 171

31. 내부결재 문서에서 '예산 과목' 또는 '지출 과목'을 표기할 때 쓰는 문장부호? ⋯ 172

32. 산출 내용을 작성할 때 사용하는 부호(·, ※, +, ×)의 띄어쓰기는? ⋯ 173

33. 경력 사항이나 명칭 변경과 관련된 '구', '전', '현' 등은 어떻게 표기해야 하나요? ⋯ 174

34. 한계선에서 문장의 어절이 한 글자씩 어색하게 다음 줄로 나눠지는 경우는? ⋯ 175

35. 법령문에서 '조, 항, 호, 목' 번호의 띄어쓰기는? ⋯ 176

36. 이름을 나열할 때 이름이 한 글자인 경우 띄어쓰기는? ⋯ 178

37. 접속사 앞뒤에 쉼표를 찍는 것과 안 찍는 것 ⋯ 180

38. 소제목 정렬은 양쪽 배분해야 하나요? ⋯ 182

39. 국립국어원 표준국어대사전 활용 방법 ⋯ 183

부록 1 공문 바로잡기 첨삭 사례 20 ⋯ 185
부록 2 가장 많이 사용하는 공문서 대표 서식 20 ⋯ 249
참고 사이트 ⋯ 273

1부

개념편

1

공공언어와 공문서

공공언어란 좁은 의미로는 공공기관에서 국민을 대상으로 공공의 목적을 위해 사용하는 언어이며, 넓은 의미로는 국민을 대상으로 사용하는 모든 언어를 말합니다.

공공언어의 요건

영역	요소	항목
정확성	표기의 정확성	① 한글 맞춤법 및 표준어 규정을 준수하였는가?
		② 띄어쓰기를 잘하였는가?
		③ 외래어 및 로마자 표기법을 준수하였는가?
	표현의 적합성	④ 문장 성분을 적합하게 제시하였는가?
		⑤ 어휘를 적합하게 제시하였는가?
		⑥ 문장을 적합하게 표현하였는가?

		⑦ 공공언어로서 품격을 갖추었는가?
적절성	공공성	⑧ 고압적·권위적 표현을 삼갔는가?
		⑨ 차별적 표현(성, 지역, 인종, 장애)을 삼갔는가?
	정보성	⑩ 정보를 적절한 형식으로 제시하였는가?
		⑪ 정보의 양을 적절하게 제시하였는가?
		⑫ 정보의 배열이 적절하게 이루어졌는가?
	용이성	⑬ 문장을 적절한 길이로 작성하였는가?
		⑭ 쉽고 친숙한 용어와 어조로 사용하였는가?
		⑮ 시각적 편의를 고려하여 작성하였는가?

공문서의 정의

공문서는 행정기관에서 공무상 작성하거나 시행하는 문서(도면, 사진, 디스크, 테이프, 필름, 슬라이드, 전자문서 등 특수매체기록 포함)와 행정기관이 접수한 모든 문서를 말합니다.

사문서는 개인적 목적을 위하여 작성한 문서를 말합니다. 그러나 각종 신청서 · 증명서 · 진정서 등과 같이 행정기관에 제출하여 접수된 것은 사문서가 아닌 공문서로 취급되며, 그 문서를 제출한 사람도 접수된 문서를 임의로 회수할 수 없습니다.

공문서의 정의는 「행정업무의 운영 및 혁신에 관한 규정」과 「국어기본법」에서 찾아 볼 수 있습니다.

2개 규정에서 다른 점은 「국어기본법」의 경우 공문서의 정의를 공무상 제작한 '현수막'과 '안내판'까지 포함하고 있다는 것입니다.

여러분이 작성한 공문서 중 일부는 대국민 공개가 되고 있습니다. 저와 같은 공무원도 다른 기관의 공문서를 찾아보기 힘든데 일반 국민이 대국민 공개된 공문서를 찾아보기란 쉽지 않을 것입니다. 하지만 「국어기본법」에서 말한 '현수막'과 '안내판'은 누구나 쉽게 접할 수 있습니다. 따라서 우리는 일반 국민들이 가장 쉽게 접근할 수 있는 '현수막'과 '안내판'까지 공문서 다루듯이 신경 써서 만들어야 합니다.

「행정업무의 운영 및 혁신에 관한 규정」 제3조(정의)

1. "공문서"란 행정기관에서 공무상 작성하거나 시행하는 문서(도면·사진·디스크·테이프·필름·슬라이드·전자문서 등의 특수매체기록을 포함한다. 이하 같다)와 행정기관이 접수한 모든 문서를 말한다.

「국어기본법」 제3조(정의)

5. "공문서등"이란 국가기관, 지방자치단체, 「공공기관의 운영에 관한 법률」에 따른 공공기관, 그 밖의 법률에 따라 설립된 특수법인(이하 '공공기관 등'이라 한다)이 공무상 작성하거나 시행하는 문서(도면·사진·디스크·테이프·필름·슬라이드·전자문서·현수막·안내판 등의 특수매체기록을 포함한다. 이하 같다)를 말한다.

공문서 작성의 원칙

「국어기본법」에서 모든 공문은 한글로 작성해야 한다고 되어 있습니다. 단, 뜻을 정확하게 전달하거나, 낯선 전문용어 및 신조어의 경우에는 한자나 외국 문자를 함께 쓸 수 있습니다. 〈행정업무운영 편람〉에서는 외국 문자를 표기해야 할 경우 '정보기술(IT)', '업무 협정(MOU)'처럼 괄호 안에 병기하라고 안내하고 있습니다.

문서 작성의 방법

첫째, 문서의 모든 처리 절차는 전자적으로 처리해야 합니다.

둘째, 「국어기본법」의 어문 규범을 준수해야 합니다.

셋째, 국민이 이해하기 쉬운 용어를 사용해야 합니다.

「국어기본법」 제14조(공문서등의 작성·평가)

① 공공기관등은 공문서등을 일반 국민이 알기 쉬운 용어와 문장으로 써야 하며, 어문 규범에 맞추어 한글로 작성하여야 한다. 다만, 대통령령으로 정하는 경우에는 괄호 안에 한자 또는 다른 외국 글자를 쓸 수 있다.

「국어기본법 시행령」 제11조(공문서등의 작성과 한글 사용)

법 제14조제1항 단서에 따라 공문서등을 작성할 때 괄호 안에 한자나 외국 글자를 쓸수 있는 경우는 다음 각 호와 같다.
1. 뜻을 정확하게 전달하기 위하여 필요한 경우
2. 어렵거나 낯선 전문어 또는 신조어(新造語)를 사용하는 경우

공문서 작성 시 적용하는
규정의 우선순위

국립국어원 공문서 작성법 적용 순위

행정안전부 〈행정업무운영 편람〉 → 「국어기본법」 '어문 규범' → 소속 기관의 관습(관행)

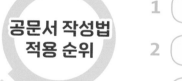

1	행정안전부 〈행정업무운영 편람〉
2	「국어기본법」 '어문 규범'
3	소속 기관의 관습(관행)

공문서를 작성할 때 적용하는 규정에도 우선순위가 있습니다. 국립국어원은 가장 먼저 행정안전부의 〈행정업무운영 편람〉을 적용하고, 여기에 우리가 찾고자 하는 내

용이 없다면 「국어기본법」의 '어문 규범'에 따라 작성하도록 안내하고 있습니다. 이때 '어문 규범'이란 한글 맞춤법, 표준어 규정 등 지금까지 배워왔던 국어를 얘기합니다. 이상의 2개 규정에도 관련 내용이 없다면 소속된 기관의 관습 또는 관행에 따라 작성하면 됩니다.

행정안전부 공문서 작성법 적용 순위

행정안전부 〈행정업무운영 편람〉 → 「국어기본법」 '어문 규범'→ 간결하고 명확하게, 이해하기 쉽게

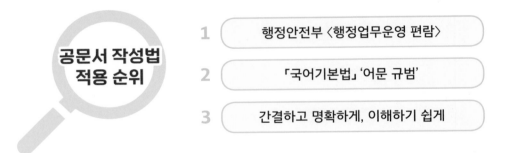

공문서 작성법 적용 순위

1 행정안전부 〈행정업무운영 편람〉
2 「국어기본법」 '어문 규범'
3 간결하고 명확하게, 이해하기 쉽게

행정안전부의 첫 번째, 두 번째 적용 순위는 국립국어원과 같지만, 첫 번째와 두 번째에 관련 내용이 없을 때 「행정업무의 운영 및 혁신에 관한 규정」 제7조 '문서 작성의 방법'에 따라 '간결하고 명확하게', '이해하기 쉽게' 작성하라고 안내하고 있습니다.

「행정업무의 운영 및 혁신에 관한 규정」 제7조(문서 작성의 방법)

② 문서의 내용은 간결하고 명확하게 표현하고 일반화되지 않은 약어와 전문용어 등의 사용을 피하여 이해하기 쉽게 작성하여야 한다.

공문서에 특별히 정해진 글꼴이 있나요?

공문서 작성 관련 규정에서 정해진 글꼴은 없습니다. 중앙부처에서는 돋움체를, 17개 시도교육청에서는 굴림체를 일반적으로 적용하고 있습니다. 특별히 정해진 글꼴이나 크기가 없기 때문에, 소속 기관에서 사용하는 전자문서시스템에서 기본 설정값으로 적용된 글꼴을 쓰시면 됩니다.

4

공문서의 서식

공문서는 일반기안문과 간이기안문으로 구분할 수 있습니다.

다음 서식은 일반적으로 우리가 공문서라고 부르는 기본 양식이며 공식 명칭은 '일반기안문'입니다.

일반기안문의 '결문'(발신명의, 기안자, 검토자 등)은 본문 (제목, 내용, 붙임) 다음에 바로 이어지나요?

결문은 본문이 끝나고 1쪽 또는 2쪽의 맨 끝에 위치합니다. 2쪽 본문이 여백인 상태로 결문이 2쪽 맨 끝 하단에 위치하는 경우도 있습니다.

일반기안문

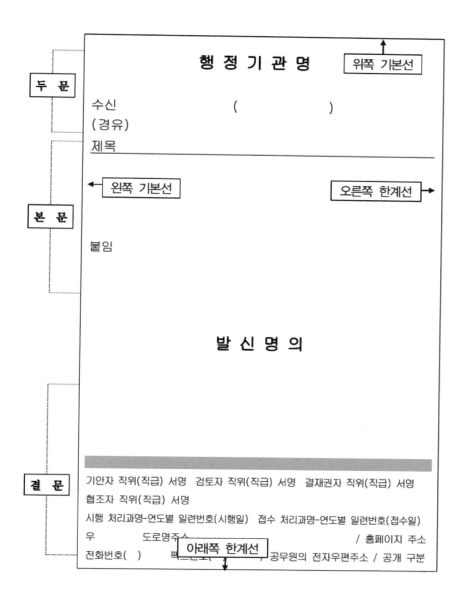

행 정 기 관 명 　|　위쪽 기본선

수신　　　　　　　(　　　　　　)
(경유)

제목

← 왼쪽 기본선　　　　　　　　　　　　오른쪽 한계선 →

붙임

발 신 명 의

기안자 직위(직급) 서명　검토자 직위(직급) 서명　결재권자 직위(직급) 서명
협조자 직위(직급) 서명
시행 처리과명-연도별 일련번호(시행일)　접수 처리과명-연도별 일련번호(접수일)
우　　　　도로명주소　　　　　　　　　　　 / 홈페이지 주소
전화번호(　)　　아래쪽 한계선　　　 / 공무원의 전자우편주소 / 공개 구분

일반기안문의 구성

일반적으로 사용하는 기안문 · 시행문은 두문 · 본문 · 결문으로 구성되어 있습니다.

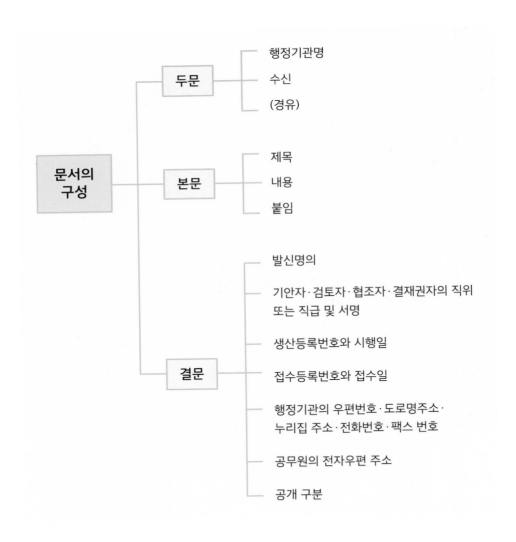

간이기안문

서식은 보고서 양식으로 '간이기안문'이라고 부릅니다. 간이기안문은 왼쪽 상단에 문서 등록 표시, 오른쪽 상단에 결재란을 표시하고, 그 아래에 제목 · 작성일 · 작성 기관을 표기합니다. 요약 설명문이 필요한 경우에는 제목과 작성일 사이에 적습니다.

생 산 등 록 번 호				
등 록 일				
결 재 일				
공 개 구 분				
	협조자			

(제　　목)

※ 필요한 경우 보고근거 및 보고내용을
　요약하여 적을 수 있음

○○○○부(처 · 청 또는 위원회 등)　　　　○○○○부(처 · 청 또는 위원회 등)

또는

○○○○국　　　　　　　　　　　　○○○○과

※ 이 서식은 보고서, 계획서, 검토서 등 발신할 필요가 없는 내부결재문서에만 사용하며, 시행문으로 변
　환하여 사용할 수 없음(규칙 제3조제3항)

5

기본선과 한계선

일반기안문을 작성할 때 본문의 내용을 시작하는 왼쪽 선을 '기본선', 오른쪽 선을 '한계선'이라고 부릅니다. 뒤에 나오는 '공문서 작성 방법 5가지 규정'(33쪽)을 쉽게 이해하기 위해서 '기본선'과 '한계선'의 정의를 꼭 기억해야 합니다.

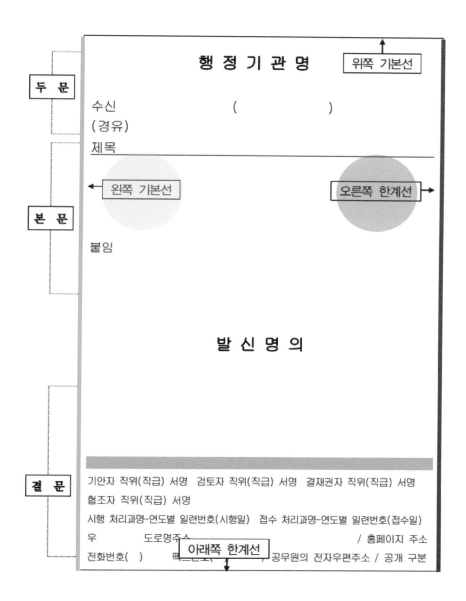

항목 기호와 특수 기호

항목 기호는 1. → 가. → 1) → 가) → (1) → (가) → ① → ㉮ 순서대로 작성하고, 필요한 경우 □ ○ - · 등의 특수 기호로 표시할 수 있습니다.

구분	항목 기호	비고
첫째 항목	1., 2., 3., 4., …	
둘째 항목	가., 나., 다., 라., …	
셋째 항목	1), 2), 3), 4), …	하., 하), (하), ㉻ 이상
넷째 항목	가), 나), 다), 라), …	계속되는 때에는
다섯째 항목	(1), (2), (3), (4), …	거., 거), (거),
여섯째 항목	(가), (나), (다), (라), …	너., 너), (너), … 등
일곱째 항목	①, ②, ③, ④, …	단모음 순으로 표시합니다.
여덟째 항목	㉮, ㉯, ㉰, ㉱, …	

하나의 문서에서는 동일한 형식의 항목 기호를 일관성 있게 사용하는 것이 중요합니다. 일반기안문에서는 항목 기호 '1. → 가. → 1) → 가) → (1) → (가) → ① → ㉮'를 사용하고, 특수 기호 '□ ○ - ·'는 간이기안문에서 사용하는 것을 권장합니다.

<수정 전>

수신 수신자 참조
(경유)
제목 ○○○○○
....
1. 귀교의 무궁한 발전을 기원합니다.
2. ○○대학교에서는 교원을 대상으로 ○○ 직무 연수를 진행하오니 많은 참여를 부탁드립니다.
　　가. 연수 기간
　　 - 1기: 2022. 1. 10.(월)~1. 12.(수)
　　 - 2기: 2022. 1. 13.(목)~1. 15.(토)
　　나. 신청 기간: 2021. 12. 24.(금)~12. 30.(목)

<수정 후>

수신 수신자 참조
(경유)
제목 ○○○○○
....
1. 귀교의 무궁한 발전을 기원합니다.
2. ○○대학교에서는 교원을 대상으로 ○○ 직무 연수를 진행하오니 많은 참여를 부탁드립니다.
　　가. 연수 기간
　　　1) 1기: 2022. 1. 10.(월)~1. 12.(수)
　　　2) 2기: 2022. 1. 13.(목)~1. 15.(토)
　　나. 신청 기간: 2021. 12. 24.(금)~12. 30.(목)

공문서의 작성 방법 개선·시행

2017년 11월 행정안전부에서 공문서 작성을 쉽고 편하게 개선하였다는 공문이 왔습니다. 그동안 공문서를 작성하면서 6타를 띄우고 제목 바로 아래에 첫째 항목 기호 '1.'을 시작하다 보니 시작점을 찾기 어렵고 불필요한 여백으로 낭비가 발생한다는 이유였습니다.

개선된 '공문서 작성 방법 5가지 규정'은 다음과 같습니다. 이 규정은 '2부 기초편'에서 하나씩 알기 쉽게 설명하겠습니다.

공문서의 작성 방법 개선·시행 알림(행정안전부 2017. 11. 1. 시행)

1. 첫째 항목 기호는 왼쪽 기본선에서 시작한다.

2. 둘째 항목부터는 바로 위 항목 위치에서 오른쪽으로 2타씩 옮겨 시작한다.

3. 항목이 두 줄 이상인 경우에 둘째 줄부터는 항목 내용의 첫 글자에 맞추어 정렬한다.(Shift+Tab 키 사용)

4. 항목 기호와 그 항목의 내용 사이에는 1타를 띄운다.

5. 항목이 하나만 있는 경우 항목 기호를 부여하지 아니한다.

공문서는 '가독성'과 '일관성'이 중요합니다. 여기서 '가독성'이란 문서가 얼마나 쉽게 읽히는가를, '일관성'은 처음부터 끝까지 동일한 표기 방식을 사용했는가를 의미합니다. 물론 '가독성'과 '일관성'이 위의 '공문서 작성 방법 5가지 규정'보다 우선할 수는 없습니다.

〈[개정] 한눈에 알아보는 공공언어 바로 쓰기〉 활용법

국립국어원에서 2019년에 발간한 〈[개정] 한눈에 알아보는 공공언어 바로 쓰기〉 책자는 왼쪽의 예시문과 오른쪽의 해설이 함께 있어 이해하기 쉽게 구성되어 있습니다. 그런데 이 예시문을 자세히 살펴보면 공문서 작성의 원칙과 다르게 작성된 부분을 일부 발견할 수 있습니다.

이와 관련하여 국립국어원에서는 〈[개정] 한눈에 알아보는 공공언어 바로 쓰기〉가 주로 표현과 맞춤법 등 언어 규범적인 부분을 중심으로 서술하고 있기 때문에 공문서의 구체적인 작성 방법은 행정안전부의 〈행정업무운영 편람〉에 따라 작성하라고 안내하고 있습니다. 따라서 이 책자는 공문서를 작성할 때 참고 자료로만 활용하기 바랍니다.

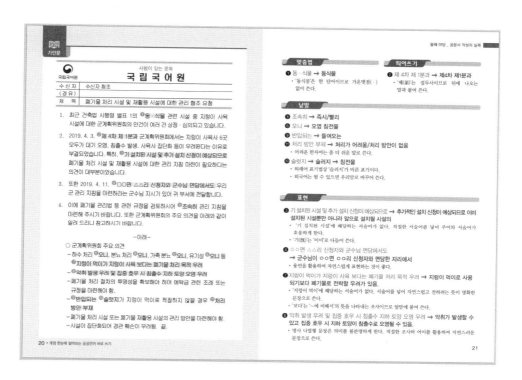

참고로 국립국어원에서는 2022년 12월에 〈2022 [개정판] 한눈에 알아보는 공공언어 바로 쓰기〉 책자를 발간했습니다. 2019년 책자와 차이점은 '행정업무운영 편람(요약)' 부분에 〈행정업무운영 편람〉에서 제시한 공문서 작성법의 내용(요약)이 포함되었고, '필수 개선 행정용어 100개'와 '꼭 가려 써야 할 일본어투 용어 50개'가 추가된 점입니다.

2부
기초편

1

항목 표시의 원칙

[원칙] (둘째 줄부터) 항목 내용의 첫 글자에 맞춘 경우

2018년 〈행정업무운영 편람〉에서는 항목이 두 줄 이상인 경우에 둘째 줄부터는 항목 내용의 첫 글자에 맞추어 정렬하는 것이 원칙이었습니다.

무조건 통과하는 공문서 작성법

[허용] (둘째 줄부터) 왼쪽 기본선에서 시작하는 경우

2020년 개정된 〈행정업무운영 편람〉에서는 항목이 두 줄 이상인 경우에 둘째 줄부터는 왼쪽 기본선에서 시작하는 것을 허용하게 되었습니다. 그래서 현재는 원칙과 허용에 따라 2가지 중 1가지 방법을 선택해서 작성할 수 있습니다.

수신∨∨○○○장관(○○○과장)
(경유)
제목∨∨○○○○○
....
1.∨○○○○○○○○○○○○○○○○○○○○○○○○○○○○○○○○○○
  ○○○○○
2.∨○○○○○○○○○○○○○○○○○○○○○○○○○○○○○○○○○○
  ○○○○○

[주의] 하나의 문서에서는 같은 형식으로 정렬

하나의 문서에서는 하나의 규정만 적용하여 정렬해야 합니다. 아래 예시처럼 하나의 일반기안문 본문에서 '원칙'과 '허용' 2가지를 동시에 적용하면 안 됩니다.

수신∨∨○○○장관(○○○과장)
(경유)
제목∨∨○○○○○
....
1.∨○○○○○○○○○○○○○○○○○○○○○○○○○○○○○○○○○○
  ○○○○○
2.∨○○○○○○○○○○○○○○○○○○○○○○○○○○○○○○○○○○
  ○○○○○

<수정 전>

○○부

수신 수신자 참조

(경유)

제목 조직개편에 따른 업무 부서 변경 알림

----

1. 귀교의 무궁한 발전을 기원합니다.

2. 2022. 7. 1. 자 우리 시 조직개편에 따른 업무 부서가 붙임과 같이 변경되었음을 알려드리니 업무에 참고하시기 바랍니다.

3. 아울러, ○○ 보조금 지원을 받은 사업은 완료 후 15일 이내 정산 보고서를 제출해 주시기 바랍니다.

붙임 2022. 7. 1. 자 업무 부서 변경 현황 1부. 끝.

<수정 후>

○○부

수신 수신자 참조

(경유)

제목 조직개편에 따른 업무 부서 변경 알림

----

1. 귀교의 무궁한 발전을 기원합니다.

2. 2022. 7. 1. 자 우리 시 조직개편에 따른 업무 부서가 붙임과 같이 변경되었음을 알려드리니 업무에 참고하시기 바랍니다.

3. 아울러, ○○ 보조금 지원을 받은 사업은 완료 후 15일 이내 정산 보고서를 제출해 주시기 바랍니다.

붙임 2022. 7. 1. 자 업무 부서 변경 현황 1부. 끝.

첫째 항목 기호 '1.'의 위치

첫째 항목 기호는 왼쪽 기본선에서 시작합니다. 첫째 항목 기호는 숫자 '1.'이고 왼쪽 기본선은 맨 왼쪽 본문이 시작하는 선을 의미합니다. 아래의 예시에서 모든 공문은 숫자 '1.'이 왼쪽 기본선에 붙어 있어야 합니다.

수신∨∨○○○장관(○○○과장)

(경유)

제목∨∨○○○○○

1.∨○○○○○○○○○○○○○○○○○○○○○○○○○○○○○○○○○○○
∨∨가.∨○○○○○○○○○○○○○○○○○○○○○○○○○○○○○○○○○
∨∨∨∨1)∨○○○○○○○○○○○○○○○○○○○○○○○○○○○○○○○○
∨∨∨∨∨∨가)∨○○○○○○○○○○○○○○○○○○○○○○○○○○○○○○
2.∨○○○○○○○○○○○○○○○○○○○○○○○○○○○○○○○○○○○

첫째 항목
기호

기본선

모든 공문서에는 공통점이 하나 있다?

우리가 작성하는 공문의 형식은 아래 2가지가 가장 일반적입니다. 이 공문들을 자세히 보면 하나의 공통점을 발견할 수 있습니다. 첫째 항목 기호는 왼쪽 기본선에서 시작한다는 규정에 따라 모든 공문의 숫자 '1.'은 항상 왼쪽에 붙어 있다는 것입니다. 즉, 본문에서 '1.'이라는 숫자는 항상 왼쪽에 붙이고 시작하면 '1.'의 위치를 틀릴 일이 없습니다.

수신∨∨○○○장관(○○○과장)
(경유)
제목∨∨○○○○○

···

문서관리 교육을 다음과 같이 실시하오니 참석하여 주시기 바랍니다.
1.∨일시:∨2022.∨8.∨11.(목)∨13:00
2.∨장소:∨○○○○○
3.∨참석∨대상:∨○○○○○.∨∨끝.

수신∨∨○○○장관(○○○과장)
(경유)
제목∨∨고위공직자 청렴 교육 이수 실적 제출

···

1. 관련
　　가. 「부정청탁 및 금품 등 수수의 금지에 관한 법률 시행령」제42조
　　나. 「○○○교육청 공무원 행동강령」제22조

2. 2022년 공공기관 부패방지 시책평가에 따른 고위공직자의 청렴 교육 이수 실적을
　　2022. 9. 2.(금)까지 제출하여 주시기 바랍니다.

둘째 항목 기호 '가.'의 위치

둘째 항목부터는 바로 위 항목 위치에서 오른쪽으로 2타씩 옮겨 시작합니다.

첫째 항목 기호는 숫자 '1.'이고 둘째 항목 기호는 '가.'입니다. 둘째 항목 기호 '가.'는 첫째 항목 기호 '1.'의 위치로부터 2타 띄우고 시작한다는 의미입니다. 항목이 아래로 내려갈수록 2타, 4타, 6타 순서대로 띄우고 시작합니다.

4

항목이 두 줄 이상일 때
정렬 방법

본문에서 글이 길어져서 두 줄 이상이 된 경우에 정렬 방법입니다. 항목이 두 줄 이상인 경우, 둘째 줄부터는 항목 내용의 첫 글자에 맞춰 정렬합니다.

수신∨∨○○○장관(○○○과장)

(경유)

항목 내용의 첫 글자

제목∨∨○○○○○

1.∨○○○○○○○○○○○○○○○○○○○○○○○○○○○○○○○○○○○○

Shift+Tab ○○○○○

∨∨가.∨○○○○○○○○○○○○○○○○○○○○○○○○○○○○

∨∨∨∨1)∨○○○○○○○○○○○○○○○○○○○○○○○○

○○○○○

∨∨∨∨∨∨가)∨○○○○○○○○○○○○○○○○○○○○○○

○○○○○

항목이 두 줄 이상인 경우에 쌍점(:)이 있다고 해서 쌍점(:)에 맞춰 정렬한 사례가 있습니다. 어디에도 쌍점(:)에 맞춘다는 규정은 없습니다. 또한 줄을 맞춘다고 첫째 줄 마지막 한계선에서 엔터(enter)를 눌러 강제로 내려간 줄을 스페이스바로 밀어서 정렬하지 않도록 합니다.

항목이 두 줄 이상인 경우에 (쌍점의 유무와 관계없이) '항목 내용의 첫 글자'에서 한글 단축키 Shift+Tab을 눌러서 맞춰야 합니다.

아래 예시를 보면 항목이 두 줄 이상인 경우 쌍점(:)에 맞춰 정렬했는데 이것은 잘못된 정렬 방법입니다.

〈수정 전〉

○○학교

수신 내부결재

(경유)

제목 학교 외벽 보수 결과 보고

---

1. 관련: ○○고등학교-1234(2021. 4. 15.)

2. 2021. 4. 15.(목) 교사동 외벽 낙석 발생에 따른 교육지원청 점검·보수 결과를 다음과 같이 보고하고자 합니다.

　　가. 점검 일시: 2021. 4. 19.(월) 14:00

　　나. 점검자: ○○교육지원청 학교시설지원과 김○○ 외 1명

　　다. 조치 현황: 추가 탈락 등 위험 소지가 있으므로 교육시설관리본부에 점검 의뢰 및 보수 전까지 출입 통제

　　라. 보수 결과: 붙임 참고

○○학교

수신 내부결재

(경유)

제목 학교 외벽 보수 결과 보고

....

1. 관련: ○○고등학교-1234(2021. 4. 15.)

2. 2021. 4. 15.(목) 교사동 외벽 낙석 발생에 따른 교육지원청 점검·보수 결과를 다음과 같이
   보고하고자 합니다.

   가. 점검 일시: 2021. 4. 19.(월) 14:00

   나. 점검자: ○○교육지원청 학교시설지원과 김○○ 외 1명

   다. 조치 현황: 추가 탈락 등 위험 소지가 있으므로 교육시설관리본부에 점검 의뢰 및 보수
       전까지 출입 통제

   라. 보수 결과: 붙임 참고

'다.' 항목이 두 줄 이상인 경우 둘째 줄부터는 항목 내용의 첫 글자인 '조'에 맞춰
정렬해야 합니다.

항목 기호와 항목 내용 사이 띄어쓰기

본문에서 첫째 항목 기호인 숫자 '1.'을 부여하고 마침표 찍고 1타 띄우고 본문 내용을 시작하면 됩니다. 행정안전부의 〈행정업무운영 편람〉에서 '1타'를 법제처의 〈알기 쉬운 법령 정비 기준〉에서는 '한 칸'으로 표기하고 있습니다. ※ 1타=한 칸, 2타=한 글자

수신∨∨○○○장관(○○○과장)

(경유)

제목∨∨○○○○○

··

1.∨○○○○○○○○○○○○○○○○○○○○○○○○○○○○○○○○○○○

∨∨가.∨○○○○○○○○○○○○○○○○○○○○○○○○○○○○○○○○○

∨∨∨∨1)∨○○○○○○○○○○○○○○○○○○○○○○○○○○○○○○○○

∨∨∨∨∨∨가)∨○○○○○○○○○○○○○○○○○○○○○○○○○○○○○

2.∨○○○○○○○○○○○○○○○○○○○○○○○○○○○○○○○○○○○

항목이 하나만 있는 경우 항목 기호 표시

항목이 하나만 있는 경우 항목 기호를 부여하지 않습니다. 첫째 항목 기호는 숫자 '1.'입니다. '2.'가 없는데 '1.'이란 숫자를 어떻게 부여할 수 있냐는 뜻입니다. 둘째 항목 기호에서도 마찬가지로 '나.'가 없으면 '가.'를 부여할 수 없습니다.

다음은 행정안전부의 〈행정업무운영 편람〉에서 가장 기본적인 예시입니다. 첫 번째 문장 "문서관리 교육을…"에서 항목이 하나인 경우이므로 항목 기호를 부여하지 않았습니다. 모든 문서의 첫째 항목 기호는 숫자 '1.'이고, 항목 기호 '1.'은 왼쪽 기본선에서 시작한다는 규정에 따라 작성된 예시입니다.

수신∨∨○○○장관(○○○과장)

(경유)

제목∨∨○○○○○

문서관리 교육을 다음과 같이 실시하오니 각 부서의 문서관리 담당자께서는 반드시 참석하여 주시기 바랍니다.

1.∨일시:∨2022.∨8.∨11.(목)∨13:00

2.∨장소:∨○○○○○

3.∨참석∨대상:∨○○○○○.∨∨끝.

잘못 작성된 <예시 1>

첫 번째 문장에서 항목이 하나이므로 항목 기호를 부여하지 않았습니다. 다음은 이것을 항목 기호 '1.'이 첫 번째 문장에서 생략되었다고 생각해서 다음 항목 기호인 '가., 나., 다.'로 잘못 작성된 예시입니다.

문서관리 교육을 다음과 같이 실시하오니…

가. 일시:

나. 장소:

다. 참석 대상:

잘못 작성된 <예시 2>

2018년과 2019년에 발간된 지방자치인재개발원의 〈행정업무운영실무〉에서는 기본선에서 2타 띄우고 첫째 항목 기호를 작성하도록 안내하고 있습니다.

다음은 이 규정에 따라 잘못 작성된 예시입니다.

문서관리 교육을 다음과 같이 실시하오니…
ㆍㆍ1. 일시:
ㆍㆍ2. 장소:
ㆍㆍ3. 참석 대상:

2018년과 2019년에 잘못 작성된 이 내용은 2020년이 되어서야 〈행정업무운영 편람〉의 예시와 동일하게 수정되었습니다.

무조건 통과하는 공문서 작성법

7

항목과 항목 사이 띄어쓰기

행정안전부의 〈행정업무운영 편람〉에서는 "가독성을 위하여 본문 항목 사이 위와 아래 여백을 자유롭게 조정할 수 있다."(한 줄 띄기 가능, 줄 간격 및 위아래 여백을 자유롭게 설정 가능)라고 규정하고 있습니다.

지방자치인재개발원의 〈행정업무운영실무〉에서는 "문서의 가독성을 높이기 위하여 필요한 경우 본문의 단락과 단락 사이, 또는 본문과 붙임 사이를 한 줄씩 띄어 쓸 수 있다."라고 구체적인 띄어쓰기 예시를 다음과 같이 제시하고 있습니다.

수신∨∨○○○장관(○○○과장)
(경유)
제목∨∨○○○○○

1.∨○○○○○○○○○○
∨∨**가.**∨○○○○○○○○○○
∨∨**1)**∨○○○○○○○○○○
∨∨**가)**∨○○○○○○○○○○
∨∨**(1)**∨○○○○○○○○○○
∨∨**(가)**∨○○○○○○○○○○○

2.∨○○○○○○○○○○○○○○○○○○○○○○○○○○○○○
○○○○○○○○○○○○○○○○○○○○○○○○○

붙임∨∨○○○○○○○○○○∨1부.∨∨끝.

　우리가 작성하는 일반기안문은 상급자가 결재하고, 그중 일부는 대국민 공개가 되고 있습니다. 공문을 보는 사람 입장에서 보기 좋게 본문의 항목 사이를 한 줄 정도 띄우는 것도 좋은 방법입니다.

<수정 전>

수신 수신자 참조

(경유)

제목 ○○○○○

....

1. 귀교의 무궁한 발전을 기원합니다.

2. 관련: 총무과-1234(2023. 1. 2.)

3. ○○대학교에서는 교원을 대상으로 ○○ 직무 연수를 진행하오니 많은 참여 부탁드립니다.

   가. 연수 기간: 2023. 1. 30.(월)~2. 10.(금)

   나. 신청 기간: 2023. 1. 9.(월)~1. 13.(금)

<수정 후>

수신 수신자 참조

(경유)

제목 ○○○○○

....

1. 귀교의 무궁한 발전을 기원합니다.

2. 관련: 총무과-1234(2023. 1. 2.)

3. ○○대학교에서는 교원을 대상으로 ○○ 직무 연수를 진행하오니 많은 참여 부탁드립니다.

   가. 연수 기간: 2023. 1. 30.(월)~2. 10.(금)

   나. 신청 기간: 2023. 1. 9.(월)~1. 13.(금)

가독성을 위하여 본문 항목 사이의 위와 아래에 여백을 조정할 때는 첫째 항목 기호인 숫자들 사이를 한 줄씩 띄웁니다.

8

날짜 표기법

공문서에서 날짜 표기의 근거 규정을 먼저 살펴보겠습니다. 「행정업무의 운영 및 혁신에 관한 규정」 제7조(문서 작성의 방법)제5항에 "문서에 쓰는 날짜는 숫자로 표기하되, 연·월·일의 글자는 생략하고 그 자리에 온점을 찍어 표시하며…"라고 되어 있습니다. 즉, 날짜는 숫자로 표기하고 마침표를 찍어 표시합니다.

공문서에서 날짜를 표기하는 가장 간단하고 쉬운 방법을 알려드리겠습니다. 오늘 날짜가 '2022년 7월 10일'이라고 가정하고 일기에 날짜를 쓰듯이 한글로 날짜를 적어봅시다. '7'이 한 자릿수라고 해서 '07월'로 쓰는 사람은 없을 것입니다. '2022년 7월10일'처럼 전부 붙여 쓰는 사람도 없습니다.

모두 '2022년 7월 10일'이라고 올바르게 쓸 것입니다. 이렇게 '2022년 7월 10일'로 쓴 상태에서 '연, 월, 일' 자리에 마침표만 찍으면 공문서 날짜의 형식이 됩니다.

2022년 7월 10일(○) ⇨ 2022.∨7.∨10.(○) 2022.07.10.(X)

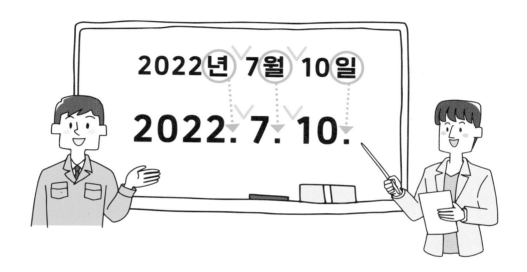

위의 그림에서 오른쪽 사람이 '일' 대신 찍은 마침표를 가리키고 있습니다. 흔히 하는 실수가 마지막 마침표를 잘 찍지 않는다는 것입니다. 이 마침표를 찍지 않으면 '연, 월, 일'에서 '일'이 없는 것과 같습니다. 반드시 마지막 마침표까지 빠트리지 않고 찍어야 합니다.

Q. 결문의 시행일 날짜 표기에는 '07'처럼 '0'이 적혀 있었습니다. 저는 '관련 근거'를 표기하면서 그대로 옮겨 적은 것뿐인데요?

A. 시스템상의 문제입니다. 공문 하단의 시행 날짜에 '0'이 표시되어 있더라도 공문서 본문에서 날짜를 표시할 때는 '0'을 표시하지 않습니다.

2022. ∨4. ∨5., ∨2022. ∨4. ∨12.(○)

2022. ∨4. ∨5.과 ∨2022. ∨4. ∨12.(○)

날짜를 나열할 때 쉼표(,)나 조사 '과'를 사용할 수 있습니다.

2022. 1월~2022. 4월 ⇨ 2022. 1.~2022. 4.

'연, 월, 일' 대신 마침표를 찍어 표시할 때 표기 방식을 통일합니다.

○○○○

수신 수신자 참조

(경유) 12. 17.

제목 (12. 17일) 서해안 대설 대비 사전 안전관리 및 예방 활동 강화

......

1. ○○부 ○○과-4298(2022. 12. 15.)호와 관련됩니다.

2. 서해상 해기차에 따른 구름대의 영향으로 2022. 12. 17.(금) 09:00부터 18:00까지 경상권을 중심으로 많은 눈이 내리고 대설 특보 가능성이 있을 것으로 전망됩니다.

2022년 6월 10일~2022년 7월 20일 ⇨ 2022. ∨6. ∨10.~7. ∨20.

2022년 5월~7월 ⇨ 2022. ∨5.~7.

7월 13일~31일 ⇨ 7. ∨13.~31.

기간을 표시하면서 중복되는 부분을 생략하고 '월'이나 '일'만 나타낼 때는 글자 대신 마침표를 쓸 수 있습니다.

내년 ∨초 / 4월 ∨중 / 2022년 ∨말

2022. ∨5.~7. ∨초 / 2022. ∨5.~7. ∨중 / 2022. ∨5.~7. ∨말

'초'는 '어떤 기간의 처음이나 초기'를, '중'은 '무엇을 하는 동안'을, '말'은 '어떤 기간의 끝이나 말기'를 의미합니다. '초(初)', '중(中)', '말(末)'은 앞말과 띄어 씁니다.

다만, 공문은 간결하고 명확하게 작성해야 하므로 '초', '중', '말'의 표현보다는 정확한 날짜를 표기합니다.

2022. ∨4. ∨12. ∨기준

마침표는 '연, 월, 일'을 대신하여 적는 것이므로 한글로 적는 것과 띄어쓰기가 같아야 합니다. 따라서 '기준'을 표기할 때는 앞말과 띄어 쓰는 것이 올바른 표기법입니다.

9

연도를 생략할 때

2022년 → '22./'22년/2022년

공문에서는 연도를 생략해서 쓰는 경우가 간혹 있습니다. 간략해 보이지만 여는 작은따옴표(')로 착각해서 종종 실수하기도 합니다. 본문 중간에 닫는 작은따옴표(')를 써서 '22년처럼 연도를 생략해서 작성하다가 마지막 부분에서 '2022년'으로 연도를 원래대로 표기한 문서도 있습니다. 하나의 문서에서 2가지 연도 표기 방식을 사용하는 것보다 일관성 있게 연도 전체를 그대로 적는 방식으로 통일하는 것이 좋습니다.

<수정 전>

제목 2022년 상반기 적극행정 우수 공무원 선발 계획 알림

··

1. 관련

   가. 「지방공무원 적극행정 운영규정」 제8조 및 제9조

   나. 감사관-1234(2022. 4. 7.) "2022년 적극행정 실행 계획"

2. 2022년 상반기 적극행정 우수 공무원 선발 계획을 붙임과 같이 알려드리니, 각 기관에서는 적극적으로 업무를 추진한 우수 공무원을 기한 내 추천하여 주시기 바랍니다.

   가. 선발 대상: ○○교육청 소속 공무원

   나. 선발 인원: 6명 이내

   다. 실적 기간: **'22.** 1. 1.~**'22.** 6. 30.

   라. 제출 기한: **2022.** 7. 28.(목)까지

<수정 후>

제목 2022년 상반기 적극행정 우수 공무원 선발 계획 알림

··

1. 관련

   가. 「지방공무원 적극행정 운영규정」 제8조 및 제9조

   나. 감사관-1234(2022. 4. 7.) "2022년 적극행정 실행 계획"

2. 2022년 상반기 적극행정 우수 공무원 선발 계획을 붙임과 같이 알려드리니, 각 기관에서는 적극적으로 업무를 추진한 우수 공무원을 기한 내 추천하여 주시기 바랍니다.

   가. 선발 대상: ○○교육청 소속 공무원

   나. 선발 인원: 6명 이내

   다. 실적 기간: **2022.** 1. 1.~6. 30.

   라. 제출 기한: **2022.** 7. 28.(목)까지

10

관련 근거에 '호'를 붙여야 하나요?

관련 근거를 작성할 때 '연도별 등록 일련번호' 뒤에 (제목을 별도로 표기하든 안 하든) '호'를 표시하지 않습니다. 다만, 생산등록번호 뒤에 날짜를 표시하고 문맥 흐름상 앞말과 뒷말을 부드럽게 이어주는 '호'는 표시할 수 있습니다.

관련:∨총무과-1519(2021.∨10.∨28.)호(X) ⇨ 관련:∨총무과-1519(2021.∨10.∨28.)(○)

총무과-1519(2021.∨10.∨28.)호에 따라(○)

제목 폭염 재난 위기 경보 단계 하향 조정 알림

....

1. 관련: ○○○부 ○○○과-2331(2022. 9. 2.)호
2. 위 호와 관련하여 폭염 재난 위기 경보 수준이 '경계'에서 '관심'으로 하향 조정(2022. 9. 2. 09:00)되었음을 알려드리며, 남은 폭염 대책 기간까지 기관별 임무와 역할 수행에 허술함이 없도록 하여 주시기 바랍니다.

'관련'은 발송된 공문 왼쪽 아래의 '시행'에 있는 문서 번호를 그대로 옮겨 적습니다. 공문에서 쓰는 쌍점(:)의 대부분은 다음에 나오는 해당 항목에 설명을 붙일 때 쓰는 것으로 앞은 붙여 쓰고 뒤는 1타 띄어 씁니다.

예 1.∨관련∨:∨(X) ⇨ 1.∨관련:∨(O)

같은 부서에서 공문이 2개 왔을 때는, 아래 예시처럼 연도별 일련번호 순서대로 작성합니다. 같은 부서라고 부서명을 생략하지 않습니다.

1. 관련: 총무과-123(2022. 7. 10.), 총무과-134(2022. 7. 17.) (○)

1. 관련: 총무과-123(2022. 7. 10.), -134(2022. 7. 17.) (×)

'관련 근거'가 여러 개일 때 배열하는 순서는?

관련 근거가 여러 개일 때 특별히 규정이 없기 때문에 "헌법은 법률에, 법률은 시행령에 우선하여 적용된다"라는 '상위법 우선의 원칙'을 적용하여 배열합니다. 또한, 공문은 연도별 일련번호 순서대로 작성합니다.

1. 관련
  가. 「○○법」 제1조
  나. 「○○법 시행령」 제1조
  다. 「○○법 시행규칙」 제1조
  라. ○○과-1111(2024. 4. 11.)
  마. ○○과-1234(2024. 5. 14.)

11

'위 호 관련'은
올바른 표기입니까?

공문에서 '위[上]'는 뒷말과 띄어 씁니다. '위 호 관련'보다는 '위 호와 관련하여'처럼 적절한 조사나 어미를 써서 문장의 의미를 명확하게 표현합니다. '위∨호와 관련하여' 또는 '위∨호에 따라'와 같이 작성하면 됩니다.

위호 관련 ⇨ 위∨호와 관련하여/위∨호에 따라

(동법, 동조) 제1조에 의거/의거하여 ⇨ (같은∨법, 같은∨조) 제1조에 따라/따라서

규정에 의하여 ⇨ 규정에 따라

선로무단통행시
철도안전법에 의거
1천만원이하 과태료 부과

~에 따라

'동법', '동조'라는 용어는 법제처의 〈알기 쉬운 법령 정비 기준〉에 따라 '같은∨법', '같은∨조'로 순화되었습니다. '~에 의거/의거하여/의하여' 등의 한자어는 쉬운 우리말인 '~에 따라/따라서'로 순화되었습니다.

'동 건'보다는 '이 건'으로 쓰는 것처럼 한자어 '동'보다는 순우리말인 '이'를 권장하고 있습니다. 공문에서 '동'이란 글자가 나오면 일단 의심해 봐야 합니다. '동'이란 글자는 공문에서 잘 쓰지 않는 표현이기 때문입니다.

'1. 관련'부터 '2. 위 호와 관련하여'까지 한번 작성해 볼까요?

제목 2022년도 ········· 참석자 명단 제출	①
1. 관련: 총무과-11111(2022. 8. 11.) 2. 위∨ 호와∨ 관련하여 2022년도 ·········	

제목 2022년도 ········· 참석자 명단 제출	②
1. 관련: 총무과-11111(2022. 8. 11.) 2. 위∨ 호에∨ 따라 2022년도 ·········	

제목 2022년도 ········· 참석자 명단 제출	③
1. 관련: 총무과-11111(2022. 8. 11.) 2. 2022년도 ·········	

①번과 ②번 형식으로 작성해도 되고, ③번처럼 '위 호와 관련하여/위 호에 따라' 표현 없이 제목부터 바로 작성해도 됩니다.

12

'만전을 기하여 주시기 바랍니다'

'만전을 기하여'처럼 어렵고 상투적인 한자식 표현은 '허술함이 없도록 하여'라는 쉬운 표현으로 바꿔 씁니다. 하지만 실무자 입장에서는 '만전을 기하여' 대신에 '허술함이 없도록 하여'란 표현을 쓸 용기가 나지 않는 것이 사실입니다.

'허술함이 없도록 하여'란 표현이 언뜻 보면 너무나 허술해 보여서 왠지 이 표현 그대로 쓰면 상사에게 결재를 받지 못할 것 같은 느낌이 들기 때문입니다. 그런 분들은 '만전을 기하여' 대신에 '최선을 다하여', '철저히 대비해' 등의 표현을 쓰면 됩니다.

○○교육청

(경유)

제목 건설 현장 안전사고 예방 철저

....

1. 최근 각종 공사 현장에서 안전사고가 지속적으로 발생하고 있습니다.

2. 우리 교육청에서 발주한 건설 공사 현장의 안전사고를 예방하기 위한 강조 사항을 붙임과
   같이 알려드리니, 각 기관에서는 안전사고 예방을 위해 공사장 관리 감독에 ~~만전을 기하여~~
   ~~주시기 바랍니다.~~ 허술함이 없도록 하여 주시기 바랍니다.

   가. 근로자가 작업장에서 넘어지거나 미끄러지는 등의 위험이 없도록 작업장 정리 상태
   　　점검

   나. 비계 등 가설구조물 작업 중 추락 방지를 위한 안전난간 설치 상태 점검

붙임 안전사고 예방 강조 사항 1부. 끝.

13

'적극 협조해 주시기 바랍니다'

공문서를 작성하다 보면 "적극 협조해 주시기 바랍니다", "적극 안내해 주시기 바랍니다"처럼 '적극'이란 단어를 관행적으로 많이 사용합니다. 여기서 '적극'은 '적극적으로'처럼 조사를 써서 의미를 명확히 표현하여야 합니다.

'적극'이 아니라 '적극적으로'와 같이 '으로'를 살려서 작성한다는 것을 꼭 기억하기 바랍니다.

적극 협조 바랍니다. ⇨ 적극적으로 협조해 주시기 바랍니다.

적극 뒷받침하기 위해 ⇨ 적극적으로 뒷받침하기 위해

적극 이용 바람 ⇨ 적극적으로 이용하기 바랍니다.

<우리말다운 표현 사용>

과도한 명사화 구성을 피한다.

적극 뒷받침하기 위해 → 적극적으로 뒷받침하기 위해

(해설) 과도한 명사화 구성은 문장 의미 파악을 어렵게 하므로 조사나 어미를 써서 의미를 명확히 표현한다.

명사형으로 끝나는 문장에 마침표를 찍어야 하나요?

용언의 명사형, 명사로 끝나는 문장에 마침표(.)를 쓰는 것이 원칙이지만, 쓰지 않는 것을 허용합니다. 즉, 본문에서 마침표를 쓸 것인지 안 쓸 것인지 정하여 일관성있게 작성하시면 됩니다.

[원칙] ······ 몸과 마음을 다하여 애를 씀.
[허용] ······ 몸과 마음을 다하여 애를 씀

[원칙] ······ 기업 설명회 개최.
[허용] ······ 기업 설명회 개최

14

'다음과 같이', '아래와 같이'

내용과 세부 내용 사이에는 '-아래-', '-다음-'을 쓰지 않고 바로 세부 내용을 작성합니다. '아래와 같이', '다음과 같이' 다음에 '-아래-', '-다음-'을 쓰는 것은 중복된 표현이기 때문입니다.

국립국어원 표준국어대사전에서 '다음'은 '뒤따르는 것'을, '아래'는 '글에서 뒤에 오는 내용'을 뜻한다고 되어 있는데, 두 단어에 차이가 있다고 보기는 어렵습니다. 공문서에서는 특별히 두 표현을 구분해서 쓰고 있지 않으므로 사용하고 싶은 단어를 선택해서 쓰면 됩니다.

아래 예시를 보겠습니다. 본문에서 '아래와 같이'를 쓰고 다음 줄에 '-아래-'를 쓰고 있습니다. '-아래-' 없이 본문을 바로 작성하면 됩니다.

수신 수신자 참조

(경유)

제목 위탁 교육 운영 계약 체결 요청

우리 부 직원들의 정보화 및 사무자동화(OA) 능력 향상을 위해 2023년 상반기 정보화 교육을 추진할 계획입니다. 이 교육의 위탁 운영을 위한 계약 체결을 아래와 같이 요청하오니 협조하여 주시기 바랍니다.

-아래-

1. 교육 개요
  가. 교육 내용: 한글, 엑셀, 파워포인트
  나. 교육 대상: 본부 및 소속 기관 직원
  다. 교육 일정: 2023. 3. 2.~3. 31.(과정별 2일, 14시간)
  라. 위탁 교육 기관: ㈜○○○○○

무조건 통과하는 공문서 작성법

'산출 내역', '예산 교부 내역'에서 '내역'은 어떻게 바꿔 써야 하나요?

'산출 내역서'는 '산출 명세서'로 다듬어 씁니다. 그렇다면 '산출 내역'은 어떻게 써야 할까요? 일반적으로 '내역'은 '물품이나 금액 등의 내용'을 뜻하는 말로 '내용'으로 고쳐 씁니다.

공문서에서 '산출 내역', '예산 교부 내역'처럼 '내역'이란 표현을 흔히 볼 수 있습니다.

2019년 3월 행정안전부에서 국민이 이해하기 어려운 한자어를 공문서에서 퇴출하겠다는 보도자료를 배포하면서 대표적인 표현으로 '내역'을 '내용'으로 고쳐 쓰도록 안내하였습니다. 4년이 지난 지금 아직도 우리는 여전히 '내역'을 즐겨 쓰고 있습니다. '내역'이 쓰고 싶을 때는 '내용'을 떠올리길 바랍니다.

국민이 이해하기 어려운 한자어 공문서에서 퇴출
-어려운 외래어·행정용어, 권위적·차별적 표현 등도 단계적 정비 추진-

2019. 3. 4.

행정안전부(장관 김부겸)는 법령 등의 영향으로 공문서에 사용되는 어려운 한자어나 일본어 투 80개를 선정하고 쉬운 우리말 등으로 바꾸어 쓰도록 하였다.

그동안 문체부, 법제처 등 정부기관과 민간단체 중심으로 외래어, 일본어투 용어 등을 우리말로 바꾸는 국어순화 노력을 해왔으나 공무원이 작성하는 공문서마저도 여전히 어려운 한자어가 관행적으로 사용되고 있어서 이를 개선하기로 한 것이다.

이번에 정비하는 어려운 한자어는 명사형으로서 '공여(供與)'는 '제공'으로, '내역(內譯)'은 '내용'으로, '불입(拂入)'은 '납입'으로, '잔여(殘餘)'는 '남은'이나 '나머지'로 바꿔 쓰고, 서술형으로 '등재(登載)'는 '적다'로, '부착(附着)'은 '붙이다'로, '소명(疏明)'은 '밝히다'로, '용이(容易)'는 '쉽다'로 고치고, '감(減)하다'는 '줄이다'로, '기(企)하다'는 '도모하다'로, '요(要)하다'는 '필요하다' 등 쉬운 우리말이나 익숙한 한자어를 쓰도록 했다.

무조건 통과하는 공문서 작성법

수신 내부결재

(경유)

제목 2023년 단체교섭을 위한 간담회 개최

· ·

1. 관련: ○○과-9711(2023. 3. 20.)

2. 2023년 단체교섭 추진을 위한 간담회를 다음과 같이 개최하고자 합니다.

　가. 일시: 2023. 3. 24.(금) 14:00

　나. 장소: 관내 식당

　다. 참석 인원: 12명(○○조합 교섭위원)

　라. 소요 예산: 금240,000원(금이십사만원)

　마. 산출 내역: 20,000원×12명=240,000원. 끝.

내용

'내역'은 '내용'으로
고쳐 씁니다.

16

표에서 '이하 빈칸'은 언제 써야 하나요?

본문 중 표의 중간에서 기재 사항이 끝나는 경우, '끝' 표시를 하지 않고 마지막으로 작성된 칸의 다음 칸에 '이하∨빈칸' 표시를 합니다. '이하', '빈칸'은 각각의 단어이므로 당연히 떼어 씁니다.

응시 번호	성명	생년월일	주소
10	이○○	1978. 1. 10.	서울특별시 종로구 ○○로 12
이하∨빈칸			

일반기안문의 본문에서 표를 만들고 위와 같이 '이하 빈칸'을 작성할 일이 없습니다. 표에서 남는 줄은 삭제하면 되기 때문입니다.

'이하 빈칸'이라는 표현은 2가지 경우를 생각해 볼 수 있습니다. 첫 번째, 민원인 접수 대장을 출력한 경우 민원인이 여덟 줄 중에 다섯 줄만 작성하고 세 줄이 남았을 때 마지막으로 작성된 칸의 다음 칸에 '이하 빈칸' 표시를 하고 고무 결재인 도장을 찍어 수기 결재를 받는 경우입니다.

두 번째, 공문으로 자료 요청이 와서 엑셀 파일을 작성해서 발송하려는데 서식에 남은 빈 줄들이 강제 설정되어 있어서 삭제가 안 되는 경우에 '이하 빈칸' 표시를 합니다.

○○위원 입후보자 접수 대장					
접수 번호	접수 일자	성명	나이	경력	주소
1	2023. 3. 6.	김갑동	45	○○위원 9년	서울시 서대문구 연세로
2	2023. 3. 6.	이정훈	44	○○위원 7년	서울시 종로구 성균관로
3	2023. 3. 7.	김성길	40	○○위원 6년	서울시 성북구 안암로
4	2023. 3. 9.	최승훈	38	○○위원 8년	서울시 성동구 왕십리로
5	2023. 3. 10.	이효준	43	○○위원 9년	서울시 마포구 백범로
이하∨빈칸					

17

금액 표기의 원칙

공문에서 금액을 표기할 경우에는 「행정업무의 운영 및 혁신에 관한 규정 시행규칙」 제2조(공문서 작성의 방법)제2항에 따라 아라비아 숫자로 쓰되, 숫자 다음에 괄호를 하고 다음과 같이 한글로 적어야 합니다.

(예시) 금113,560원(금일십일만삼천오백육십원)

「행정업무의 운영 및 혁신에 관한 규정 시행규칙」

제2조(공문서 작성의 방법) ② 문서에 금액을 표시할 때에는 「행정업무의 운영 및 혁신에 관한 규정」(이하 "영"이라 한다) 제7조제4항에 따라 아라비아 숫자로 쓰되, 숫자 다음에 괄호를 하고 다음과 같이 한글로 적어야 한다.

(예시) 금113,560원(금일십일만삼천오백육십원)

행정안전부의 〈행정업무운영 편람〉에서도 금액을 표기할 때 「행정업무의 운영 및 혁신에 관한 규정 시행규칙」 제2조제2항을 준용하여 같은 방법과 예시로 설명하고 있습니다.

국립국어원에 "공문서에서 금액은 어떻게 표기합니까?"라고 물으면 행정안전부의 〈행정업무운영 편람〉에 따라 같은 방법으로 금액의 표기 방법을 안내하고 있습니다.

여기서 주의할 점은 '금∨113,560원(금∨일십일만∨삼천오백육십∨원)'처럼 띄어 쓰지 않는다는 점입니다. 반드시 〈행정업무운영 편람〉의 예시 그대로 왼쪽은 숫자, 오른쪽은 한글 모두 붙여서 '금113,560원(금일십일만삼천오백육십원)'으로 작성합니다.

18

시간 표기법

시·분은 24시간제에 따라 숫자로 표기하고, 시·분의 글자 대신 그 사이에 쌍점(:)을 찍어 구분합니다. 날짜는 '월, 일' 표기 시 '0'을 표기하지 않습니다.

다만, 시·분을 24시간제에 따라 숫자로 표기할 때는 '0'을 표기해야 합니다.

例 오전 9시 20분 → 09:20

Q. 문서를 작성할 때 쓰는 기간이나 시간 사이 문장부호 '물결표(~)', '붙임표(-)' 차이가 무엇인가요? 例 14:00~14:15, 14:00-14:15

A. 2가지 모두 사용할 수 있습니다. 기간이나 거리 또는 범위를 나타낼 때는 물결표(~)를 쓰는 것이 원칙이고, 붙임표(-)를 쓰는 것도 허용됩니다.

특정한 시점을 묻거나 말할 때는 '현재 시간'이 아니라 '현재 시각'이라고 해야 하나요?

'현재 시간', '현재 시각' 모두 쓸 수 있습니다. 표준국어대사전에 '시각'은 '시간의 어느 한 시점'을 뜻합니다. '시간'은 '어떤 시각에서 어떤 시각까지의 사이'를 뜻하는 말이지만, '시각'의 뜻인 '시간의 어느 한 시점'을 포함하고 있습니다. 예 취침 시간, 마감 시간, 약속 시간

따라서 '시간'도 '시각'을 뜻하는 말로 쓰이게 되어 '시각' 대신 '시간'을 쓸 수 있는 것입니다.

19

'붙임'과 '1부'를 정확하게 표기하는 방법

본문이 끝난 줄 다음에 '붙임'의 표시를 하고 첨부물의 명칭과 수량을 작성합니다.

··· 주시기 바랍니다.

붙임∨∨○○○계획서∨1부.∨∨끝.

붙임은 본문이 끝난 줄 다음에 바로 붙여 쓰거나, 한 줄 띄어 써도 됩니다. 참고로 우리가 쓰는 대부분의 공문은 가독성을 위해서 한 줄 띄어 쓰고 있습니다.

··· 주시기 바랍니다.

붙임∨∨○○○계획서∨1부.∨∨끝.

‘붙임’의 글자를 ‘붙∨임’과 같이 떼어 쓰거나 붙임 뒤에 쌍점(:)을 찍지 않고 ‘붙임’ 그대로 작성합니다.

　[예] 붙임(O), 붙∨임(X), 붙임:(X)

첨부물이 2가지 이상인 때에는 항목을 구분하여 표시합니다.

··· 주시기 바랍니다.

붙임∨∨1.∨○○○계획서∨1부.
　　　2.∨○○○서류∨1부.∨∨끝.

붙임의 첨부물이 2가지 이상인 때에 항목을 구분하여 표시한다는 말은 아래 ①번과 같이 2가지 첨부물을 하나로 묶어서 작성하지 않고 ②번처럼 항목 기호를 구분하여 각각 작성한다는 뜻입니다.

　① 붙임 입사 지원서 및 자기소개서 각 1부. 끝. (X)

　② 붙임 1. 입사 지원서 1부.

　　　　　2. 자기소개서 1부. 끝. (O)

붙임을 작성할 때 가장 많이 하는 질문이 붙임이 2개일 때 첫째 항목에서 ‘1부’ 뒤에 마침표를 찍어야 하느냐는 것입니다. ‘붙임’에서 ‘1부’를 쓸 때는 붙임의 개수와 상관없이 ‘1부’ 앞에는 1타 띄우고 뒤에는 반드시 마침표를 찍습니다. 마침표는 처음부터 끝까지 다 찍어야 합니다.

　[예] ∨1부.

20

표나 문장으로 끝났을 때 '끝' 표시

본문이 표로 끝나는 경우(표의 마지막 칸까지 작성되는 경우)에는 표 아래 왼쪽 기본선에서 한 글자(2타) 띄우고 '끝' 표시를 합니다.

응시 번호	성명	생년월일	주소
10	이○○	1978. 1. 10.	서울특별시 종로구 ○○로 12
11	김○○	1982. 3. 11.	부산광역시 서구 ○○로 12

∨∨끝.

본문 또는 붙임 표시문이 오른쪽 한계선에서 끝났을 경우에는 그다음 줄의 왼쪽 기본선에서 한 글자(2타) 띄우고 '끝' 표시를 합니다.

```
········································································ 주시기 바랍니다.
∨∨끝.
```

이때 문장은 전체적으로 자간을 줄여서 '끝' 표시를 한 줄에 같이 정렬할 수도 있습니다.

```
········································································ 주시기 바랍니다. ∨∨끝.
```

> 한 글자(2타)는 1칸입니까?

한 글자는 2칸입니다. <행정업무운영 편람>에 본문 내용의 마지막 글자에서 한 글자(2타) 띄우고 "끝" 표시를 한다고 되어 있습니다.
'한 칸'이라는 용어는 법제처의 <알기 쉬운 법령 정비기준>에서 다음과 같이 설명하고 있습니다.

> 항 번호(①) 다음에는 한 칸 띄어 쓴다.
> ①∨이 법에서 …

즉, 한 글자=(스페이스바)2타=2칸입니다.

21

'수신자'와 '쪽 번호' 표시

수신자 표시

수신자를 표기할 때 기관명이 아닌, 해당 기관장의 직위를 씁니다.

예 ○○중학교(×) → ○○중학교장(○)

독임제기관의 장 또는 합의제기관의 장의 권한에 관한 사항인 경우에는 수신란에 해당 기관의 장의 직위(수신명)를 쓰고, 그다음에 이어서 ( ) 안에 그 업무를 처리할 보조기관이나 보좌기관의 직위를 씁니다. 예 수신 행정안전부장관(정보공개정책과장)

다만, 보조기관이나 보좌기관의 직위가 분명하지 아니한 경우에는 ○○업무담당 과장 등으로 표시할 수 있습니다. 예 수신 방송통신위원회위원장(정보공개업무담당과장)

민원 회신 문서에는 수신란에 민원인의 성명을 먼저 쓰고, 이어서 ( ) 안에는 우편번호와 도로명주소를 씁니다.

예 수신 홍길동 귀하(우03171 서울특별시 종로구 세종대로 209)

'쪽 번호' 표시

쪽 번호는 2장 이상으로 이루어진 중요 문서의 앞장과 뒷장의 순서를 명백히 하기 위하여 매기는 번호를 말합니다. 일반적으로 표지와 목차는 쪽수 부여 및 표기 대상에서 제외합니다. 쪽 번호는 1, 2, 3, 4, 또는 4-1, 4-2, 4-3, 4-4로 표시합니다.

쪽 번호를 표시하는 대상 문서는 다음과 같습니다.

1. 문서의 순서 또는 연결 관계를 명백히 할 필요가 있는 문서
2. 사실 관계나 법률 관계의 증명에 관계되는 문서
3. 허가, 인가 및 등록 등에 관계되는 문서

22

물결표(~)와 붙임표(-)

기간이나 거리 또는 범위를 나타낼 때는 물결표(~)를 쓰는 것이 원칙이고, 붙임표 (-)를 쓰는 것도 허용됩니다. 이때 물결표(~)나 붙임표(-)는 앞말과 뒷말에 붙여 씁 니다.

2022.∨2.∨25.(월)∨~∨2.∨27.(수) (X)
2022.∨2.∨25.(월)~2.∨27.(수) (O)

행정복지센터 안내판의 경우 물결표(~)를 사용하면서 '월~금'은 붙여 쓰고, 시간을 표기하면서 '09:00 ~ 18:00'처럼 띄어 쓰고 있습니다. 시간의 물결표(~)도 앞말과 뒷 말에 붙여 쓰는 것이 올바른 표기 방법입니다.

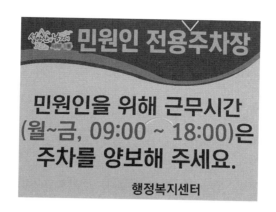

「국어기본법」에서는 공무상 제작한 '현수막'과 '안내판'을 공문서에 포함하고 있습니다. 물결표(~)는 특히 행사용 현수막, 민원 안내를 위한 안내판에 가장 많이 사용하는 문장부호입니다. 대부분의 실무자들이 이 물결표(~)를 쓰면서 가독성을 위해 물결표(~) 앞과 뒤를 1타씩 떼어서 작성하는데 이것은 잘못된 표기입니다. 물결표(~)는 반드시 앞말과 뒷말에 붙여 써야 합니다.

물결표(~)는 범위의 시작을 나타내는 '부터'와 범위의 끝을 나타내는 '까지'의 뜻을 모두 포함하고 있습니다. 따라서 물결표(~)만 쓰든지, '부터'와 '까지'만 사용해야 합니다. 물결표(~)를 쓰고 뒤에 '까지'를 쓰면 중복된 표기입니다.

오전 9시~오후 3시 (O)

오전 9시부터 오후 3시까지 (O)

오전 9시~오후 3시까지 (X)

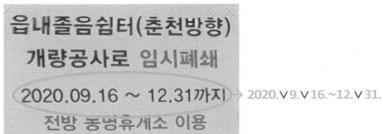

6~9급, 20~30%, 30~40명

동일한 단위는 물결표(~)를 사용하여 앞에 단위를 생략할 수 있습니다. 이때 물결표(~)도 앞말과 뒷말에 붙여 씁니다.

6억~9억∨원

한 가지 주의할 점은 돈의 단위는 앞의 단위를 생략할 수 없다는 것입니다.

'6억~9억∨원'처럼 앞에 있는 단위를 살려서 써야 합니다.

'6~9억 원'으로 표기하면 '6원'에서 '9억 원'이라는 뜻이 되기 때문입니다.

무조건 통과하는 공문서 작성법

23

'2023. 3. 1.자' 띄어쓰기가 맞나요?

어떤 기관에서는 '2023. 3. 1.자'처럼 날짜를 뜻하는 '자'를 전부 앞말에 붙여 쓰고 있었습니다. 날짜를 뜻하는 '자(字)'는 앞말과 반드시 띄어 써야 합니다.

예 2023.∨3.∨1.∨자

다만, '그 날짜에 효력이 발생함'을 뜻하는 접미사인 '-부(附)'는 앞말에 붙여 씁니다.

예 2023.∨3.∨1.부로

참고로 '업무∨분장', '사무∨분장', '인사∨발령'은 한 단어가 아니므로 띄어 씁니다.

1일∨자로, 9월∨1일∨자로, 오늘∨자∨신문 (○)

2022.∨9.∨1.자 사무분장 알림 (×)   2022.∨9.∨1.∨자 사무∨분장 알림 (○)

다음 중 바르게 표기한 것은?

①

제목 2022. 7. 1.자 **정책기획관 업무 분장 안내**

1. 관련: 정책기획관-7993(2021. 6. 25.)
2. 2022. 7. 1.자 인사발령에 따른…

②

제목 2022. 7. 1. 자 **감사관 업무 분장 안내**

2022. 7. 1.자 감사관 업무 분장을 붙임과 같이 안내하오니…

③

제목 2022. 7. 1. 자 **총무과 업무 분장 안내**

2022. 7. 1. 자 인사 발령에 따른 총무과 업무 분장을 붙임과 같이…

정답은 ③번입니다.

'우리 기관'과 '우리나라, 우리말, 우리글'

우리∨기관, 우리∨부, 우리∨청, 우리∨학교

우리나라, 우리말, 우리글

공문을 작성할 때 '우리 기관은', '우리 대학교는'처럼 문장을 시작할 때가 종종 있습니다. 이때 '우리'는 뒷말과 떼어 쓰면 됩니다. 단, 여기에도 붙여 쓰는 3가지 경우가 있습니다. '우리나라', '우리말', '우리글'은 한 단어로, 이 3가지는 반드시 외우고 붙여 써야 합니다.

우리나라, 우리말, 우리글 **붙여 쓴다**

'귀 기관'과 '귀사, 귀교, 귀댁'

외부 기관으로 공문을 보낼 때 일반적으로 "귀 기관의 무궁한 발전을 기원합니다."
라고 인사말을 작성하고 공문을 시작합니다. 이때 '귀 기관' 대신 '귀사', '귀교', '귀댁'
등으로 표기할 수도 있습니다.

표준국어대사전에 '귀사(貴社)', '귀교(貴校)', '귀댁(貴宅)'은 한 단어로 등재되어 있으며, 상대편의 '회사', '학교', '집안'을 높여 쓰는 말로 안내하고 있습니다.

즉, '귀사', '귀교', '귀댁'은 한 단어이므로 붙여 씁니다. 붙여 쓰는 이 3가지를 꼭 외우기 바랍니다. 이 3가지를 제외하고 나머지 '귀 ○○'은 전부 띄어 쓰면 됩니다.

[예] 귀∨기관, 귀∨원

참고로 3개의 회사와 3개의 학교를 표현할 때 '3사', '3교'보다는 '3개사', '3개교'로 표현하는 것이 자연스럽습니다.

수신 ○○중학교장

(경유)

제목 소속 직원 출강 협조 요청

....

1. 귀 교의 무궁한 발전을 기원합니다.
   귀교

2. ○○대학교 산학협력단 직원 역량 강화 교육을 위해 귀 교 소속 직원의 출강을 요청하오니 대상자가 출강할 수 있도록 협조하여 주시기 바랍니다.^{귀교}
   가. 교육명: ○○대학교 산학협력단 직원 역량 강화 과정 '공문서 작성법' 교육
   나. 출강 요청 대상자: ○○중학교 ○○○
   나. 일시: 2022. 12. 13.(화) 14:00~17:00
   다. 장소: 실시간 온라인 교육(Zoom). 끝.

'신청 건'과 '사업명'

공문에서 '신청 건'을 표기할 때 띄어쓰기가 헷갈립니다. 여기서 '건'은 표준국어대사전에 '사건, 서류, 안건' 등을 세는 의존명사이므로 띄어 씁니다.

띄어 쓰는 '공모 건', '신청 건'과 붙여 쓰는 '사업명', '행사명'은 구분하여 기억합니다.

공모∨건, 신청∨건

㉾ 자격증 재발급 신청∨건을 다음과 같이 처리하고자 합니다.

사업명, 행사명

일부 명사 뒤에 붙어 '이름'의 뜻을 나타내는 말인 '명'은 앞말에 붙여 씁니다.

무조건 통과하는 공문서 작성법

'서울과 부산 간'과 '이틀간'

다음 중 띄어쓰기가 바르게 된 것은?

① 서울과 부산간, 이틀간

② 서울과 부산 ∨간, 이틀간

③ 서울과 부산간, 이틀 ∨간

④ 서울과 부산 ∨간, 이틀 ∨간

　정답은 ②번입니다. '~간'의 띄어쓰기는 기간 개념인지 아닌지로 쉽게 구분할 수 있습니다. 기간을 나타내는 말 뒤에 붙는 '~간'은 붙여 쓰고 나머지는 전부 띄어 쓰면 됩니다. 이때 '한 ∨달간'의 띄어쓰기만 주의하면 됩니다.

사이, 관계를 나타내는 '간'은 의존명사이므로 떼어 씁니다.

예 서울과 부산∨간, 부모와 자식∨간, 정부∨간, 기관∨간

다만, '부자간', '부부간', '형제간'처럼 합성어로 인정되어 사전에 한 단어로 등재되어 있는 말은 붙여 씁니다.

기간을 나타내는 말 뒤에 붙는 '간'은 접미사이므로 앞말에 붙여 씁니다.

예 이틀간, 사흘간, 1주일간, 한∨달간, 2개월간

28

'계약 시'와 '기본계획상'의 띄어쓰기

'시(時)'

계약∨시

공문을 쓰다 보면 무의식적으로 '때'를 뜻하는 '시'를 많이 쓰게 됩니다. '시(時)'는 '어떤 일이나 현상이 일어날 때나 경우'를 뜻하는 의존명사로 '행사∨시', '참가∨시'와 같이 띄어 씁니다.

다만, '유사시'(급하거나 비상한 일이 일어난 때), '비상시(뜻밖의 긴급한 사태가 일어난 때)', '평상시'(특별한 일이 없는 보통 때), '필요시'(반드시 요구될 때), '일몰시'(해가 완전히 지는 순간의 시각), '혼잡시'(차량 통행이 많아 복잡한 시간) 등과 같이 국립국어원 표준국어대사전에 한 단어로 등재되어 있는 합성어는 붙여 씁니다.

위의 붙여 쓰는 6가지 중에 공문에서 가장 많이 쓰는 단어는 '유사시, 비상시, 평상시, 필요시' 4가지이므로 반드시 외워야 합니다. '유비 평상 필요' 이렇게 앞글자만 따서 외우면 됩니다.

'~상의'

'상(上)'이 '추상적인 공간에서의 한 위치'라는 뜻일 때는 접미사이므로 앞말에 붙여 씁니다.

기본계획∨상의(×), 영수증∨상의(×), 온라인∨상에서(×), 인터넷∨상에서(×)

⇨ 기본계획상의(○), 영수증상의(○), 온라인상에서(○), 인터넷상에서(○)

무조건 통과하는 공문서 작성법

'~중'의 띄어쓰기

공문서에서 일반적으로 사용하는 '~중'은 '하고 있는'의 뜻이므로 앞말과 띄어 씁니다.

이∨중에, 회의∨중, 작업∨중, 추진∨중

다만, 아래의 경우는 표준국어대사전에 한 단어로 등재된 합성어로 붙여 씁니다.

부재중, 무의식중, 한밤중, 은연중, 그중

단위명사와 의존명사

296억∨달러, 5천억∨원, 50만∨명, 10만∨톤, 23만∨개, 50여∨회

'달러', '원', '명', '톤', '개', '회' 등 단위를 나타내는 명사는 앞말과 띄어 씁니다.

50여∨명의, 내일쯤, 20%가량, 1만∨원권 10만∨원어치, 100만∨원짜리

'-여', '-쯤', '-가량', '-권', '-어치', '-짜리'는 접미사로 앞말에 붙여 씁니다.

단위 '원'은 띄어 씁니다.

두∨가지

의존명사 '가지'를 사용할 때는 한 가지, 두 가지와 같이 띄어 씁니다.

5급∨상당, 30%∨정도, 30%∨이상, 10명∨이하, 30%∨미만

'상당', '정도', '이상', '이하', '미만' 등은 앞말과 띄어 씁니다.

건물∨밖, 시행∨이전, 경기∨전, 방과∨후

'안', '밖', '전', '후', '이내', '이전', '이후'는 앞말과 띄어 씁니다.

방과 후 학교, 방과후학교

표준국어대사전에 '방과후학교'를 검색하면 우리말샘에서 '방과^후^학교'라고 검색 결과가 나옵니다. 방과후학교는 전문용어 띄어쓰기 원칙과 허용에 따라 '방과∨후∨학교'처럼 띄어 쓰는 것이 원칙이나 '방과후학교'처럼 붙여 쓰는 것을 허용합니다. 그래서 우리가 일반적으로 붙여 쓰고 있습니다.

기한∨내, 기일∨내, 30분∨내에, 경제팀∨내, 학교∨내, 범위∨내, 한 달∨내

공문을 발송할 때 "기한 내 제출해주시기 바랍니다."라는 표현을 많이 사용합니다. 이때 '기한∨내'는 띄어 씁니다. '기한 내'의 띄어쓰기가 생각이 안 나면 '○○ 외 0명' 할 때 '외'는 띄어 쓴다는 것을 떠올리면 '기한 내'도 쉽게 기억날 것입니다.

용도∨외, 총무과장∨외∨10명

일정한 범위나 한계를 벗어남을 나타내는 '외(外)'는 앞말과 띄어 씁니다.

발전시키는∨데, 매입하는∨데

'데'가 '곳'이나 '장소', '일'이나 '것', '경우'의 뜻일 때는 앞말과 띄어 씁니다.

전년∨대비

비교를 뜻하는 '대비'는 앞말과 띄어 씁니다.

'전년 대비'보다 '지난해보다'를 권장합니다.

복지∨관련∨시설, 관련∨법령

'관련'은 독립된 말이므로 앞말과 띄어 씁니다.

'년도'와 '연도'를 쉽게 구분할 수 있나요?

'숫자'는 '년도'를 씁니다. (숫자+년도)
[예] 2023년도 졸업식, 2024년도 예산안
※ 신년도, 구년도는 신년-도, 구년-도의 구조로 예외

나머지는 '연도'로 표기합니다.
[예] 다음∨연도, 해당∨연도, 1차∨연도, 졸업∨연도, 회계∨연도/회계연도

무조건 통과하는 공문서 작성법

31

관형사와 접두사의 띄어쓰기

'전-'

'모든' 또는 '전체'의 뜻을 나타내는 관형사 '전(全)'은 뒷말을 꾸미는 구조이므로, '전(全)∨직원'과 같이 띄어 씁니다. 그리고 직함이나 자격을 뜻하는 명사 앞에 쓰여 이전의 경력을 나타내는 '전(前)'도 관형사이므로, '전(前)∨직원'과 같이 띄어 씁니다.

'전교생'은 표준국어대사전에 '한 학교의 전체 학생'을 의미하는 한 단어로 붙여 씁니다.

전(全)∨직원 (○), 전(前)∨직원 (○)

전교생(全校生) (○)

'총-'

'총'은 모두 합하여 몇임을 나타내는 관형사로 뒷말과 띄어 써야 합니다.

총 ∨ 300대

단, 접두사로 쓰일 때는 뒷말과 붙여 씁니다.

총면적, 총인원, 총감독, 총결산

'본'

본은 관형사로 뒷말과 띄어 씁니다. 한자어 '본'보다는 고유어 '이'를 권장합니다.

2023년부터 본 ∨ 제도 시행 → 2023년부터 이 ∨ 제도 시행

'본-'이 '바탕이 되는'의 뜻을 더하는 접두사로 쓰인 일부 단어에서는 붙여 씁니다.

본회의, 본고장, 본계약

'첫'

'첫해'는 한 단어이므로 붙여 씁니다.

첫해

무조건 통과하는 공문서 작성법

32

보조용언 띄어쓰기

'안∨된다', '안∨됩니다'

'안'은 '아니'의 준말입니다. 따라서 '아니 된다'를 '안 된다'로 쓰는 것입니다.

'알려드립니다', '알려 드립니다'

'알리다'와 '드리다'는 각각의 낱말이므로 띄어 쓰는 것이 원칙이지만 '드리다'가 보조용언의 쓰임이므로 붙여 쓰는 것도 허용합니다. 따라서 '알려 드리니' 역시 띄어 쓰는 것이 원칙이나 붙여 쓰는 것도 허용합니다.

비슷한 경우로는 '삼가 주십시오'(원칙), '삼가주십시오'(허용)가 있습니다.

알려∨드리니(원칙), 알려드리니(허용)

알려∨드립니다(원칙), 알려드립니다(허용)

∨있다 , ∨없다

'관계있다', '관계없다'와 같은 일부 단어를 제외하고 '있다', '없다'는 앞말과 띄어

씁니다.

실효성∨있게, 내실∨있는, 역량∨있고

차질∨없이, 착오∨없으시기

'있다', '없다' 앞에는
띄어쓴다!

무조건 통과하는 공문서 작성법

33

구분하여 작성하기

첫째 주 토요일? 첫 번째 토요일!

달력을 보면 '첫째 주 토요일'이 언제인지 헷갈릴 때가 있습니다. 공문에서는 뜻이 불분명한 표현은 피하고 명확하고 이해하기 쉽게 작성해야 합니다.

'첫째 주 토요일'보다는 '첫 번째 토요일' 또는 '첫째 주 토요일'에 날짜까지 적는 것이 명확하고 이해하기 쉬운 표기 방법입니다.

첫째 주 토요일 ⇨ 첫 번째 토요일/첫째 주 토요일(4. 5.)

'현안 문제', '현안 사항'

표준국어대사전에 '현안'은 '이전부터 의논하여 오면서도 아직 해결되지 않은 채 남아 있는 문제나 의안'을, '사항'은 '일의 항목이나 내용'을 뜻한다고 되어 있습니다.

'현안'에는 '문제나 의안'이라는 표현을 포함하고 있으므로 '현안 문제'라고 쓰지 않고 '현안' 또는 '현안 사항'으로 씁니다.

현안 문제 ⇨ 현안/현안 사항

'기간', '동안', '기간 동안'

'기간'은 '어느 때부터 다른 어느 때까지의 동안'을 의미하는 말이므로 '기간 동안'은 '기간'과 '동안'의 중복으로 보아서 '기간' 또는 '동안'으로 씁니다.(다만, 표준국어대사전에 '기간'의 예로 '이 기간 동안'이 있음을 고려하면 이를 꼭 틀린 표현으로 보기는 어렵다는 의견도 있습니다.)

'지자체', '지방자치단체'

'지자체'와 같이 준말(줄임말)을 사용할 때는 원래의 온전한 용어인 '지방자치단체'를 기재한 뒤 괄호 안에 '이하 지자체'라고 표시합니다.

지자체 ⇨ 지방자치단체(이하 지자체)

'국·공립', '국공립'

대등한 용어를 가운뎃점(·)을 사용해 줄여 쓸 수 있으나 '국공립', '공사립', '신구'처럼 표준국어대사전에 한 단어로 등재되어 있다면 가운뎃점을 사용하지 않습니다.

국·공립(X), 국공립(O)

신·구 대비표(X), 신구 대비표(O)

표준국어대사전에 한 단어로 등재된 사례: 국공립, 공사립, 시도, 시군, 신구, 대내외, 장차관, 인수인계, 인허가, 직간접, 통폐합, 승하차, 오남용

공통 성분을 줄여서 하나의 어구로 묶을 수 있으므로 '국립·공립·사립은 국·공·사립으로도 쓸 수 있습니다.

국립·공립·사립(O), 국·공·사립(O)

표준국어대사전에 한 단어로 등재되어 있지 않다면 가운뎃점을 사용합니다.

제·개정, 정·현원

'주최', '주관'

> 주최: 전체적인 일을 기획하는 곳(상급 기관)
> 주관: 실질적인 일을 하는 곳(하급 기관)

'주최'는 '행사나 모임을 주장하고 기획하여 엶'을 뜻하고, '주관'은 '어떤 일을 책임지고 맡아 관리함'을 의미하므로 '주최'는 '상급 기관(계획하여 시행)', '주관'은 '하급 기관(진행)'이 하는 것이 일반적입니다.

다만, '교육청 주최/교육청 주관'과 같이 한 기관에서 행사나 모임을 기획하고 그 일을 진행할 수 있는데, 이때는 주최와 주관을 혼용하여 표현할 수 있습니다. '주최'와 '주관' 모두를 한곳에서 하면 '주최·주관'으로 씁니다.

'운용', '운영'

> 운용(運用): 자본, 법, 제도, 체제 등을 움직이게 하거나 부리어 씀
> 운영(運營): 조직, 기업, 기구, 사업체, 대학 학사 등을 운용하고 경영함

운용	운영
대상을 움직여 가면서 사용함	조직, 기구 등을 관리하며 움직여 감
기금, 예산, 물품	기업, 학교, 대회

'워크아웃', '워크숍'

'워크아웃'과 '워크숍'은 의미에 맞게 구분하여 써야 합니다.

'워크아웃(workout)'은 노동 조건의 유지 및 개선을 위하여, 또는 어떤 정치적 목적을 달성하고자 노동자들이 집단적으로 한꺼번에 작업을 중지하는 일을 뜻합니다. '워크아웃'은 '기업 개선 작업'으로 다듬어 씁니다.

'워크숍(workshop)'은 학교 교육이나 사회 교육에서 학자나 교사의 상호 연수를 위하여 열리는 합동 연구 방식을 뜻합니다. 또한 교직자의 전문적인 성장과 교직 수행

에서 나타나는 여러 문제를 함께 생각하고 해결해나가기 위한 협의회를 의미하기도 합니다. '워크숍'은 '공동 연수', '공동 수련'으로 다듬어 씁니다.

'한번', '한 번'

'한번'과 '한 번'을 쉽게 구분하는 방법은 다음과 같습니다. '두 번', '세 번'으로 바꾸어 뜻이 통하면 '한 번'으로 띄어 쓰고, 그렇지 않으면 '한번'으로 붙여 쓰면 됩니다.

'한번'

'지난 어느 때나 기회' 예 한번은 길에서 그 사람과 우연히 마주친 일이 있었어.

'어떤 일을 시험 삼아 시도함' 예 한번 해보다.

'기회 있는 어느 때에' 예 우리 집에 한번 놀러 오세요.

'어떤 행동이나 상태를 강조' 예 너, 말 한번 잘했다.

'일단 한 차례' 예 한번 물면 절대 놓지 않는다.

'한∨번'

'번'이 차례나 일의 횟수를 나타내는 경우에는 '한∨번', '두∨번', '세∨번'과 같이 띄어 씁니다.

예 한∨번 실패하더라도 두∨번, 세∨번 다시 도전하자.

'약 100여 명', '약 100명', '100여 명'

'약 100여 명'에서 '약'은 '대강', '대략'의 뜻이고 '-여'는 '그 수를 넘음'을 뜻하는 접미사로 둘 다 어림잡은 수치를 나타냅니다. 따라서 '약 100명' 또는 '100여 명' 중 하나만 선택해서 쓰기 바랍니다.

'자문하다', '자문에 응하다'

'자문'은 '어떤 일을 좀 더 효율적이고 바르게 처리하려고 그 방면의 전문가나 전문가들로 이루어진 기구에 의견을 물음'을 뜻하므로 질문하는 입장인 '자문하다'나 질문에 답하는 입장인 '자문에 응하다'가 올바른 표현입니다.

자문하다, 문의하다, 묻다(○)

자문에 응하다, 자문에 답하다, 자문에 검토 의견을 내놓다(○)

자문을 받다(×), 자문을 얻다(×), 자문을 구하다(×), 자문을 요청하다(×)

'결제', '결재'

결제(決濟): 증권 또는 대금을 주고받아 매매 당사자 사이의 거래 관계를 끝맺는 일
예 결제 자금, 어음의 결제

결재(決裁): 결정할 권한이 있는 상관이 부하가 제출한 안건을 검토하여 허가하거나 승인함
예 결재 서류, 결재가 나다, 결재를 받다.

'이전(이후)', '전(후)'

'이전', '이후'는 앞의 날짜를 포함합니다.

4월 1일 이전(이후): 4월 1일을 포함한다.

'전', '후'는 앞의 날짜를 포함하지 않습니다.

4월 1일 전(후): 4월 1일을 포함하지 않는다.

'~고', '~라고'

앞말이 직접 인용되는 말임을 나타내는 조사는 '라고'입니다.

"~가 중요하다."고 말했다. (X) ⇨ "~가 중요하다."라고 말했다. (○)

'이행하다'와 '달성하다'

계획은 '이행'하는 것이고 목표는 '달성'하는 것입니다.

계획을 달성할 수 있도록 (X) ⇨ 계획을 이행할 수 있도록 (○)

목표를 이행할 수 있도록 (X) ⇨ 목표를 달성할 수 있도록 (○)

사용에 주의해야 할 표현

'~(으)로 인하여

행정안전부에서 '안전 안내 문자'가 왔습니다. "내일까지 태풍으로 인한 강한 비와 바람이 예상됩니다." 이 문장에는 번역 투 표현인 '~로 인한'이 포함되어 있습니다. 이 표현을 제외하고 다시 읽어보겠습니다. "내일까지 태풍으로 강한 비와 바람이 예상됩니다." 전혀 어색하지 않다는 것을 아셨을 것입니다.

[행정안전부] 내일까지 태풍으로 인한 강한 비와 바람이 예상됩니다.
해안가·방파제·계곡·하천·공사장 등 위험지역 방문을 자제하여 개인 안전관리에 유의하기 바랍니다.

'~로'만 써도 충분한데, '~로 인한'은 번역 투 표현이므로 지양해야 합니다.

금융경제상의 위기로 인하여 ⇨ 금융경제상의 위기로

'~에 대하여', '~에 있어서'

'~에 대하여', '~에 있어서' 등은 불필요한 외국어 번역 투 표현이므로 삼갑니다.

'개정함에 있어'처럼 '~에 있어서'란 표현은 조례나 규칙을 개정할 때 흔히 볼 수 있는 표현입니다. 아래 예시에서 '개정함에 있어'는 '개정하는데'로 다듬어 씁니다.

수신 수신자 참조

(경유)

제목 ○○○교육청 행정기구 설치 조례 시행규칙 일부개정규칙안

....

1. 관련: 「행정절차법」 제41조

　　　　　　　　　　　　　　　　　　　　　　　　　　　　개정하는데
　　　　　　　　　　　　　　　　　　　　　　　　　　　　↗

2. 「○○○교육청 행정기구 설치 조례 시행규칙」의 일부를 개정함에 있어 그 취지와 주요 내용을 미리 알려 의견을 듣고자 아래와 같이 입법예고하오니, 의견이 있을 경우 2022. 12. 1.(목)까지 제출하여 주시기 바랍니다.

'개정하다' 뒤에 어떤 일을 설명하거나 묻거나 제안하기 위하여 그 대상과 상관되는 상황을 미리 말할 때 쓰는 연결어미 '-는데'를 붙여 '일부를 개정하는데'로 다듬어 씁니다.

'기 통보한' 대신 '이미 알려드린'으로

어려운 한자말 '기' 대신에 쉬운 말을 써서 표현합니다.

공문에서 이런 표현을 종종 볼 수 있습니다.

"다음과 같이 통보하오니 업무에 참고하시기 바랍니다."

여기서 '통보'는 권위적인 표현으로 '알리다'로 순화되었습니다. "다음과 같이 통보하오니"를 "다음과 같이 알려드리니"로 순화하여 작성하거나 "다음과 같이 안내하오니" 등의 다른 표현으로 바꾸어 표기합니다.

다음과 같이 통보하오니 → 다음과 같이 알려드리니

추후 통보 → 다음에 알려드리겠습니다.

'~엄수', '~할 것' 등 권위적인 표현 바꿔 쓰기

기일을 엄수하여 ⇨ 날짜를 지켜

엄수하기 바랍니다. ⇨ 꼭 지켜주시기 바랍니다.

작성할 것 ⇨ 작성해 주십시오.

요망 ⇨ 바람 ⇨ 바랍니다.

즉시 제출 바람 ⇨ 제출해 주십시오.

'바람'처럼 명사형으로 끝내면 권위적인 느낌을 줄 수 있으니, '바랍니다'처럼 서술형으로 풀어 씁니다.

불필요한 사동 표현 '~시켜' 쓰지 않기

구체화시켜 ⇨ 구체화해

소개시켜 ⇨ 소개하여

부담을 경감시키고 ⇨ 부담을 경감하고(줄이고)

~에 확산시킬 계획임 ⇨ ~에 확산할 계획임

비밀 유지에 초점이 있는 숨김표(○○, ××)의 사용

그 모임의 참석자는 김×× 씨, 정×× 씨 등 5명이었다.

비밀을 유지해야 하거나 밝힐 수 없는 사항임을 나타낼 때는 숨김표를 씁니다. 예시에서 '김×× 씨'의 이름은 한 글자일 수도 있고 두 글자 또는 그 이상일 수도 있습니다.(글자의 수효만큼 숨김표를 쓰는 것이 아닙니다.)

법령명 띄어쓰기와 줄여 쓰기

법령명의 띄어쓰기는 법제처에 등재된 표기 그대로 따릅니다. 문서에서 법령 이름을 인용할 때는 다른 내용과 구별할 수 있도록 법령 이름 앞뒤에 낫표(홑낫표)를 붙입니다.

「공유재산∨및∨물품∨관리법」

「보조금∨관리에∨관한∨법률」

「조세범∨처벌법」,「출입국관리법」

「국가를∨당사자로∨하는∨계약에∨관한∨법률」

'청탁금지법'은「부정청탁 및 금품 등 수수의 금지에 관한 법률」을 줄여 쓴 것으로 「청탁금지법」처럼 홑낫표는 사용하지 않습니다.

「청탁금지법」⇨「부정청탁 및 금품 등 수수의 금지에 관한 법률」, 청탁금지법

「지방계약법」⇨「지방자치단체를 당사자로 하는 계약에 관한 법률」, 지방계약법

「국가계약법」⇨「국가를 당사자로 하는 계약에 관한 법률」, 국가계약법

무조건 통과하는 공문서 작성법

차별적 표현 삼가기

공문서에는 '주린이, 요린이'와 같이 차별적 표현을 사용하지 않습니다.

~린이 ⇨ (해당 분야) 초보(자)/입문자

최근 '어떤 것에 입문하였거나, 실력이 낮은'의 뜻으로 '어린이'의 '어'를 떼어내고, 그 자리를 일부 명사의 첫 글자 등으로 교체하여 주식 투자 초보자를 '주린이', 요리 초보자를 '요린이'라고 하는 등 여러 분야에서 초보자를 '-린이'라고 표현하고 있습니다.

이처럼 아동에 대한 부정적인 고정관념이나 편견을 조장·강화할 수 있는 표현이므로 공문서 등을 작성할 때, '-린이'라는 표현 대신 '(해당 분야) 초보(자)/입문자' 등으로 바꾸어 사용합니다.

이해하기 쉬운 우리말 사용하기

'당초'와 '소관'

'당초'는 '기존'으로 '소관'은 '담당'으로 다듬어 씁니다.

기존(당초X)	변경	담당 부서(소관 부서X)

국립국어원의 〈한눈에 알아보는 공공언어 바로 쓰기〉에서 '당초'는 '기존'으로 '소관'은 '담당'으로 다듬어 쓴다고 되어 있습니다. '당초'와 '소관'을 국립국어원의 '다듬은 말'에 검색해보면 '당초'는 '애초', '맨 처음'으로 검색 결과가 나옵니다. 그리고 '소관'은 검색 결과가 없습니다. 그렇다면 위 규정은 어디에서 나온 것일까요?

'다듬은 말'은 우리말로 바꾸어 쓸 수 있는 외래어 혹은 외국어이거나 지나치게 어려운 한자어 등 여러 이유로 다른 표현으로 대체하여 쓰는 것이 좋겠다는 지침을 정리한 것입니다.

따라서 어떠한 말을 다른 말로 대체해서 써야 한다고 엄격하게 규정한 것은 아니므로 상황과 맥락, 언어를 사용하는 분야 등을 고려하여 여러 표현으로 다듬어 쓸 수 있습니다.

제고하기 ⇨ 높이기

'제고하기'라는 한자어보다는 '높이기'로 쓰는 것이 더 이해하기 쉽습니다.

지체∨없이 ⇨ 지체하지 않고, 지체함이 없이 ⇨ 바로, 곧바로

'지체 없이'보다는 '바로'나 '곧바로'가 더 쉬운 말입니다.

10매 ⇨ 10장

'매(枚)'는 종이나 널빤지를 세는 단위로 '장'으로 다듬어 씁니다.

p21, p26~29 ⇨ 21쪽, 26~29쪽

알파벳 'p'를 쓰지 않고 우리말인 '쪽'으로 바꾸어 적습니다.

익일, 익월, 익년 ⇨ 다음∨날, 다음∨달, 다음∨해

'어떤 날의 다음에 오는 날'을 뜻하는 '익일'의 순화어인 '다음∨날'은 띄어 씁니다.

다만, 표준국어대사전에 나오는 '다음날'과 '익일'의 순화어인 '다음∨날'은 구분해서 사용해야 합니다.

다음날: 정하여지지 아니한 미래의 어떤 날 **예** 다음날에 만나면 식사나 하죠.

다음∨날: 어떤 날의 다음에 오는 날 **예** 산장에서 하루 묵고 다음∨날 새벽에 출발했다.

타 학교, 타 시도 ⇨ 다른 학교, 다른 시도

'타(他)'는 '다른'의 뜻을 나타내는 관형사입니다. 한자어보다 쉬운 우리말을 씁니다.

동 건은/본 건은 ⇨ 이 건은

'동', '본'이라는 한자어 대신 순우리말 '이'를 쓰면 더 이해하기 쉽습니다.

개소 ⇨ 군데/곳

장소를 지칭하는 딱딱하고 어려운 한자어를 쉬운 우리말로 순화합니다. 이미 '개소'를 '군데'로 순화한 바 있으나, 행정용어로 쓰이기에 적합하도록 '곳'도 추가되었습니다.

37

외래어, 외국어 표현 삼가기

공문서에서는 외래어나 외국어 표현을 삼가고 이해하기 쉬운 우리말로 바꾸어 작성하는 것이 좋습니다.

레시피 ⇨ 조리법

이벤트 ⇨ 기획 행사

존(zone) ⇨ 구역

슬로건 ⇨ 구호/표어

셔틀버스 ⇨ 순환버스

언택트 ⇨ 비대면

온택트 ⇨ 영상 대면/화상 대면

블렌디드(Blended) 러닝 ⇨ 온오프 연계 교육/대면, 비대면 연계 교육

웨비나 ⇨ 화상 토론회

애자일(Agile) 조직 ⇨ 탄력 조직

모니터링 ⇨ 점검/실태 조사

포인트 ⇨ 적립금/적립 점수

매뉴얼 ⇨ 지침, 지침서, 설명서, 안내서

리플릿 ⇨ 광고지, 홍보물, 홍보지, 홍보 책자, 홍보 전단, 광고 쪽지

인프라 ⇨ 기반 시설

H.P. ⇨ 휴대전화

FAX ⇨ 팩스/전송

SMS ⇨ 문자 메시지

E-mail ⇨ 전자∨우편(원칙), 전자우편(허용)

홈페이지 ⇨ 누리집

팝업 창 ⇨ 알림창

가이드 ⇨ 안내자, 안내원, 길잡이, 지침서, 안내서

가이드라인 ⇨ 지침, 방침

가이드북 ⇨ 안내서, 지침서, 길잡이

로그인 ⇨ 접속

로그아웃 ⇨ 접속 해지

무조건 통과하는 공문서 작성법

38

그 밖에 다듬어 써야 할 표현들

유관기관 ⇨ 관계∨기관

20일∨경 ⇨ 20일경 ⇨ 20일 무렵

제세 공과금 ⇨ 각종 세금(공과금)

일할 계산 ⇨ 날짜 계산

신년도 ⇨ 새해

구년도, 과년도 ⇨ 지난해

상기 ⇨ 위의

T/F팀 ⇨ TF팀 ⇨ 특별 팀/전담 팀

필히 ⇨ 반드시

면밀히 ⇨ 자세히

강구하다 ⇨ 마련하다

사료됨 ⇨ 생각함

수범사례 ⇨ 모범∨사례, 잘된 사례

금년 ⇨ 올해 / 금번 ⇨ 이번 / 금회 ⇨ 이번

향후 ⇨ 앞으로

통괄하다, 통할하다 ⇨ 총괄하다

첨부 서류 ⇨ 붙임 서류

당해 법인 ⇨ 해당 법인/이 법인

당일 ⇨ 그날

공란 ⇨ 빈칸

식순 ⇨ 차례

표찰 ⇨ 표지판/이름표

퇴청 ⇨ 퇴근

시건장치 ⇨ 잠금장치

징구 서류 ⇨ 요구 서류/요청 서류

시너지효과 ⇨ 상승효과

체크리스트 ⇨ 점검표

시방서 ⇨ 세부 안내서/세부 지침서

사양서 ⇨ 설명서

연면적 ⇨ 전체∨면적/총면적

과원 ⇨ 정원∨초과/인원∨초과

계약서(안)을(×) ⇨ 계약서(안)를(○)

8.15 광복(원칙), 8·15 광복(허용)

3.1 운동(원칙), 3·1 운동(허용)

일∨년∨만에

학생∨수, 학급∨수, 시설∨수

만∨30세, 월∨2회

지원∨가능한

이틀∨동안, 일정∨기간

일정∨비율

연체∨여부, 승인∨여부, 인정∨여부

몇∨년에 걸쳐

어느∨선까지이며

교육전문직, 전문직 ⇨ 교육전문직원

첫 대면할 경우 ⇨ 처음 대면할 때

서울 소재 ⇨ 서울에 있는

첫∨번째, 두∨번째

1일∨차, 2일∨차, 1박∨2일, 1남∨2녀

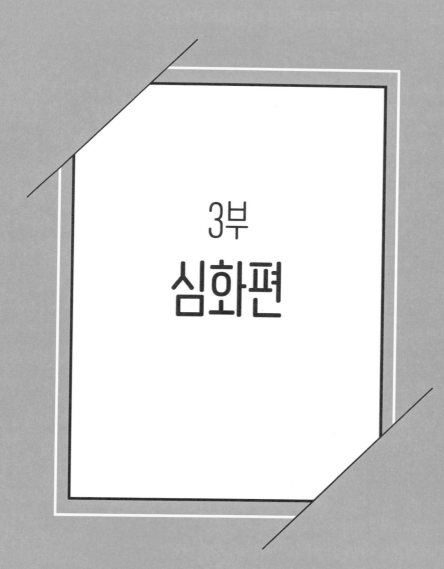

3부
심화편

공문 제목 앞에 '긴급', '제출', '알림' 등의 핵심 용어를 표시해야 하나요?

공문 제목에 공문 내용과 관련한 핵심 용어를 표시하는 것은 일부 기관에서 내부 지침으로 시행하는 것으로 공문서 관련 규정에서 정하는 사항이 아닙니다.

따라서 소속 기관에서 '핵심 용어 표시제'를 시행하고 있는지 확인하고 내부 지침에 따라 사용 여부를 결정하면 됩니다.

<예시>

수신 (경유)	수신자 참조
제목	[알림] 공문 제목 핵심 용어 표시제 준수 안내

1. 관련: ○○과-11111(2022. 11. 10.)

2. 공문 제목 핵심 용어 표시제를 다음과 같이 안내하오니, 각 기관에서는 공문 제목 핵심 용어 표시제가 준수될 수 있도록 적극적으로 협조하여 주시기 바랍니다.

핵심 용어	내용	처리 방법
[제출]	· 정해진 기한 내에 회신이 필요한 공문	· 자료 제출
[협조] [알림] [설문] [출장] [연수] [홍보] [공모]	· 수신 기관에서 선택적으로 판단해야 할 공문 · 계획, 지침, 선정 결과 등 주요 사항을 알리는 공문 · 설문 조사, 의견 수렴 등 공문 · 회의 참석 등 공식적인 출장 요청 공문 · 연수 개최, 연수 신청 안내 공문 · 홍보 관련 공문 · 공모 관련 공문	· 자체 시행 · 선택, 확인 등

2 '계획'과 '계획(안)'의 차이가 무엇인가요?

'계획(안)'은 '이것은 계획안입니다'라는 뜻을 나타냅니다. 하지만 표준국어대사전에서 '안(案)'이 '궁리하여 내놓은 생각이나 계획'이라는 뜻이므로 '계획(안)'이라고 쓰지 않고 '계획'만 써도 의도하는 바를 나타낼 수 있습니다.

계획: 앞으로 할 일의 절차, 방법, 규모 따위를 미리 헤아려 작정함, 또는 그 내용

안(案): 궁리하여 내놓은 생각이나 계획

계획안: 계획에 대한 구상, 또는 그 내용을 담은 서류

예 사업 계획안, 계획안을 제출하다

'부분'과 '부문'은 어떻게 구분할까요?

'부분'은 전체 중의 일부를, '부문'은 각각의 분야를 의미합니다.

부분: 전체를 이루는 작은 범위 또는 전체를 몇 개로 나눈 것의 하나
예 썩은 부분을 잘라 내다.

부문: 일정한 기준에 따라 분류하거나 나누어 놓은 낱낱의 범위나 부분
예 자연 과학은 여러 부문으로 나뉜다.

- 국립국어원 표준국어대사전

3. '귀 기관의 무궁한 발전을 기원합니다' 라는 인사말을 꼭 적어야 하나요?

이 질문에 행정안전부에서는 「행정업무의 운영 및 혁신에 관한 규정」에 구체적으로 정한 사항은 없지만 공문은 '간결하고 명확하게, 이해하기 쉽게' 작성하면 된다고 안내하고 있습니다.

국립국어원에서도 위의 인사말을 꼭 써야 하는지, 인사말에 정해진 문구가 있는지와 관련하여 명확히 규정된 것은 없으므로 관습을 고려하여 쓰라고만 안내하고 있습니다.

참고로 국립국어원에 감수 요청을 하여 회신받은 공문을 보면 아래 내용과 같이 "귀 기관이 무궁히 발전하기를 기원합니다."라는 인사말을 볼 수 있습니다. 형식적인 인사말이지만 외부 기관에 공문을 발송할 때는 쓰기를 권장합니다.

사람이 있는 문화

 국립국어원

수신   경상북도교육감(유초등교육과장)
(경유)
제목   공공언어 감수 결과 알림(업무에 바로 쓰는 공공언어)

1. 귀 기관이 무궁히 발전하기를 기원합니다.
2. 경상북도교육청 유초등교육과-10586호(2020. 7. 10.)와 관련하여 공공언어 감수 결과를 붙임과 같이 알려 드립니다.
3. 또한, 국립국어원 공공언어 감수 지원 사업의 원활한 추진에 참고하고자 화요일 감수 의견 반영 결과와 만족도 설문 결과를 회신해 주시면 고맙겠습니다. 회신이 없을 경우 앞으로 감수 지원이 어려울 수 있음을 이해해 주시기 바랍니다.

'관련'과 '귀 기관의 무궁한 발전을 기원합니다' 중 먼저 써야 하는 것은?

행정안전부와 국립국어원에서는 위 사항과 관련하여 정해진 사항이 없다고 안내하고 있습니다.

관련 규정이 없으므로 관습적인 측면에서 본다면 '1. 귀 기관의 무궁한 발전을 기원합니다.'(먼저 인사하고), '2. 관련'(무엇과 관련하여), '3. 우리 기관에서는'(본론의 내용 작성) 순서대로 작성하는 것이 가장 자연스럽습니다.

수신 ○○학교장

(경유)

제목 ○○대학교 교육과정 강사 초빙 협조 요청

....

1. 귀 기관의 무궁한 발전을 기원합니다.
2. 관련: ○○대학교-1140(2022. 4. 27.)
3. ○○대학교에서는 표준화된 공문서 작성법 학습으로 실무능력 향상을 위해 「행정 문서 바르게 알고 쓰기」 과정을 개설할 예정입니다.

관련 근거가 두 줄 이상인 경우 정렬 방법은?

관련 근거가 2개 이상일 때 아래 예시처럼 '1. 관련'을 작성하고 다음 줄에 순서대로 '가.', '나.'로 작성하는 것이 일반적입니다.

수신 수신자 참조

(경유)

제목 청렴 교육 이수 실적 제출

....

1. 관련

　가. 「부정청탁 및 금품 등 수수의 금지에 관한 법률 시행령」 제42조

　나. 「경상북도교육청 공무원 행동강령」 제22조

위 질문은 관련 근거가 두 줄 이상으로 길게 연결될 경우 어디에 맞추어 정렬하는지를 묻고 있습니다.

'공문서의 작성 방법 개선·시행 알림'(행정안전부 2017. 11. 1. 시행)에 "항목이 두 줄 이상인 경우에 둘째 줄부터는 항목 내용의 첫 글자에 맞추어 정렬한다."라고 되어 있습니다.

또한 행정안전부에서는 "관련 근거가 두 줄 이상이고 쌍점(:)이 있는 경우에도 둘째 줄부터는 항목 내용의 첫 글자에 맞추어 정렬한다."라고 안내하고 있습니다. 즉,

관련 근거가 두 줄 이상인 경우 쌍점(:)의 유무와 상관없이 항목 내용의 첫 글자에 맞추어 정렬하는 것이 원칙입니다.

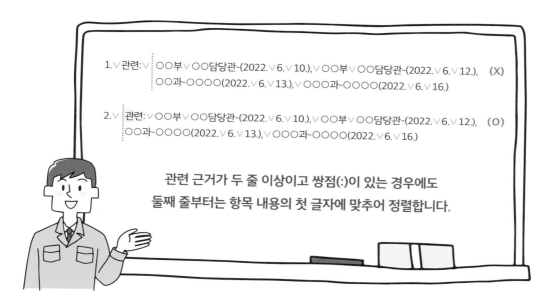

위의 예시에서 쌍점(:)의 유무와 상관없이 항목 내용의 첫 글자인 '관'에 맞추어 정렬합니다.

6 항목이 하나만 있는 경우
특수 기호'-'를 쓰는 것이 올바른 표기인가요?

공문에서 항목 기호 '1.'을 쓰고 '가.', '나.'를 작성한 다음 '2.'를 쓰고 다시 '가.', '나.'를 작성했습니다. '3.'을 쓰고 '가.'를 썼는데 '나.'가 생각나지 않습니다. 하나만 더 생각나면 좋겠는데 더 이상 쓸 내용이 없습니다. 이런 경우 어떻게 작성하셨나요?

이와 같이 둘째 항목이 하나만 있는 경우에 적용할 수 있는 규정은 '공문서 작성 방법의 5가지 규정' 중 2가지입니다. 첫째, 항목이 하나만 있는 경우 항목 기호를 부여하지 아니한다. 둘째, 둘째 항목부터는 바로 위 항목 위치에서 오른쪽으로 2타씩 옮겨 시작한다. 이 2가지 규정에 따라서 아래 예시처럼 둘째 항목이 하나만 있는 경우 바로 위 위치에서 2타만 띄우고 바로 작성하면 됩니다.

수신∨∨내부결재

(경유)

제목∨∨○○○○○

- -

1. 관련: ○○학교-○○○○(2022.∨6.∨13.)
2. 학생 교통비를 다음과 같이 집행하고자 합니다.
∨∨소요∨예산:∨금50,000원(금오만원).∨∨끝.

관련: ∨재무과-1519(2021.∨10.∨28.)∨"일상 경비 교부 계획 안내"

공문에서 제목을 반드시 표기해야 하는 것은 아닙니다. 제목을 별도로 표기해야 할 필요가 있을 때만 표기하면 됩니다. 어떤 기관은 제목을 묶을 때 작은따옴표('')를 사용하고, 또 다른 기관은 내부 지침으로 홑낫표(「」)로 정하여 사용합니다. 기관마다 차이가 있기 때문에 실무자들이 정확한 규정이 무엇인지 궁금해하는 것입니다.

공문 제목을 묶는 문장부호를 묻는 질문에 행정안전부와 국립국어원에서는 다음 과 같이 답변하고 있습니다. 행정안전부에서는 말이나 글을 직접 인용하는 것이므로 큰따옴표("")로 묶는다고 하였고, 국립국어원에서는 강조의 의미이므로 작은따옴표 ('')로 묶는다고 안내하고 있습니다.

서울특별시교육청교육연수원에서 제작한 '키워드로 골라 듣는 직무 콕 강의' 유튜 브에서는 제목은 작은따옴표('')로 묶는 것으로 안내하고 있습니다.

행정안전부에서 2018년에 발간한 〈행정업무운영 편람〉에는 이 내용이 없었지만, 2020년 개정판에는 관련되는 다른 공문서의 표시 방법을 다음과 같이 큰따옴표("")로 묶어서 구체적으로 명시하였습니다.

　　예 ○○부 ○○○과 -123(2021. 12. 21., "○○행사 관련 협조 요청")

　즉, 공문 제목은 〈행정업무운영 편람〉의 예시와 같이 큰따옴표("")로 묶으면 됩니다.

〈문제〉 다음 중 '관련 근거' 표기 방법이 틀린 것은?

① 1. 관련: ○○○과-123(2021. 12. 21.) "○○행사 관련 협조 요청"
② 1. ○○○과-123(2021. 12. 21., "○○행사 관련 협조 요청")호와 관련됩니다.
③ 1. 관련: ○○○과-123(2021. 12. 21., "○○행사 관련 협조 요청")
④ 1. 관련: ○○○과-123(2021. 12. 21., "○○행사 관련 협조 요청")호와 관련됩니다.

　정답은 ④번입니다. ④번은 '관련'이 두 번 있어서 중복된 표기입니다. ④번의 '호와 관련됩니다'와 같은 표현 방법은 143쪽에서 자세히 설명하겠습니다. ①번은 우리가 일반적으로 가장 많이 쓰는 표기 방법입니다. ②번은 지방자치단체의 공문에서 볼 수 있는 표현입니다. ③번은 2020년 〈행정업무운영 편람〉에서 제시한 표기 방법입니다.

8 '1. 관련'과 '2. 위 호와 관련하여'는 중복된 표기인가요?

제목∨∨2022년도 ········ 참석자 명단 제출

....

1. **관련**: 총무과-11111(2022. 8. 11.)
2. 위∨호와∨**관련**하여 2022년도 ········

'1.'에서 '관련'이 나오고 '2.'에서도 '관련'이 나오는 표기 방법과 관련하여 행정안전부에 중복된 표현인지 질의해보았습니다. 답변은 「행정업무의 운영 및 혁신에 관한 규정」에 구체적으로 정한 사항이 없어 '간결하고 명확하게, 이해하기 쉽게' 작성하면 된다고 안내하고 있습니다.

다만, '위 호와 관련하여'는 공문서 작성 관련 지침서에서 명확하게 제시하고 있는 방법입니다. 따라서 위 표현은 중복된 표기로 볼 수 없고 위 예시 그대로 작성하면 됩니다.

9 '실시하다'를 '하다'로 순화해서 써야 하나요?

공문을 작성하다 보면 '실시'라는 단어를 종종 쓰게 됩니다. 이 '실시'라는 단어가 국립국어원의 '다듬은 말'에서 다른 단어로 순화되어 있지 않을까 하는 생각도 가끔 듭니다.

공문서 관련 지침서를 보면 '실시하다'를 쓰는 것보다 '하다'를 쓰는 것이 더 자연스럽다고 안내하는 것도 있습니다. 다만, 현재 '실시'라는 단어가 국립국어원의 '다듬은 말'에서 검색했을 때 순화 대상어로 나오는 단어는 아니며, 공문서에 나오는 '실시하다' 모두를 '하다'로 대체할 수 있는 것도 아닙니다.

아래 예시처럼 실제로 행정안전부의 〈행정업무운영 편람〉에서도 '문서관리 교육을 다음과 같이 실시하오니'처럼 '실시'라는 단어를 사용하고 있습니다.

<〈행정업무운영 편람〉 예시문>

수신∨∨○○○장관(○○○과장)
제목∨∨○○○○○
....
문서관리 교육을 다음과 같이 **실시**하오니 각 부서의 문서관리 담당자께서는 반드시 참석하여 주시기 바랍니다.

따라서 '실시하다'보다는 되도록 '하다'를 사용하는 것이 좋겠지만, 필요한 경우에는 '실시하다'로 작성할 수 있습니다.

실시하다: 실제로 시행하다. 「비슷한말」 실행하다(實行하다)
㉠ 찬반 투표를 실시하다. 대피 훈련을 실시하다. 학교 급식을 실시하다.

하다: 사람이나 동물, 물체 따위가 행동이나 작용을 이루다.
㉠ 운동을 하다. 사랑을 하다. 공부를 하다.

- 국립국어원 표준국어대사전

'홈페이지에 탑재하다'가 올바른 표기인가요?

'탑재하다'는 국립국어원 표준국어대사전에 '배, 비행기, 차 등에 물건을 싣다'라고 되어 있습니다.

    ⟮예⟯ 보급품을 탑재한 트럭, 우주선에 적외선 망원경을 탑재하다, 잠수함에 미사일을 탑재하다.

사전적 의미로 볼 때 '홈페이지에 탑재하다'는 어색한 표현입니다.(아래 사진처럼 미사일 정도 되어야 탑재가 가능하기 때문입니다.)

'홈페이지에 탑재하다'보다는 '누리집'에 '게시하다', '올리다'가 적절한 표현입니다.

게시하다: 여러 사람에게 알리기 위하여 내붙이거나 내걸어 두루 보게 하다.
올리다: 컴퓨터 통신망이나 인터넷 신문에 파일이나 글, 기사 따위를 게시하다.

    ⟮예⟯ 기사를 게시판에 올리다, 사진을 누리집에 올리다, 사업 보고서를 회사 내부망에 올리다.

11 ‘~호 관련입니다’는 올바른 표기 방법인가요?

> ~호와 관련됩니다.
> ~호와 관련된 문서입니다.
> ~호와 관련합니다.
> ~호 관련입니다.

일반적으로 ‘~호와 관련됩니다’, ‘~호와 관련된 문서입니다’, ‘~호와 관련합니다’, ‘~호 관련입니다’와 같이 대표적인 표현 방법은 4가지입니다.

‘~호와 관련됩니다’, ‘~호와 관련된 문서입니다’, ‘~호와 관련합니다’는 올바른 표기 방법입니다. 다만, ‘~호 관련입니다’는 “어색한 표현이다”라는 의견과 “쓸 수 있는 표현이다”라는 의견 차가 있습니다.

위와 같은 표현을 쓰고자 한다면 행정안전부의 〈행정업무운영 편람〉에서 예시문으로 명확하게 제시하고 있는 ‘~호와 관련됩니다’로 작성하면 절대 틀릴 일이 없습니다.

예 국방부 혁신행정담당관-4859(2019.∨11.∨4.)호와 관련됩니다.

12 '하오니/하니', '위하여/위해', '하여야/해야' 모두 사용할 수 있나요?

3가지 모두 공문에서 사용할 수 있는 표현입니다.

'하오니'의 '오'는 공손함의 표현으로 사전에 등재되어 있습니다. 참고로 공문서는 공적 문서로 '시'를 쓰고 '바랍니다'만으로도 충분하다는 의견이 있고, 공손함의 '오'까지 쓰면 공문서의 표현이 더욱 부드러워질 수 있다고 보는 의견도 있습니다.

'위해'는 '위하여'의 준말입니다. '위하여, 위해, 위해서'는 형태상의 차이는 있지만, 의미상의 차이는 없습니다. 참고로 '위하여'보다는 '위해' 또는 '위해서'와 같은 형태가 더 많이 쓰이고 있습니다.

이와 마찬가지로 '해야'는 '하여야'의 준말입니다. '하여야'보다는 '해야'의 준말 형태가 더 자연스럽다는 의견도 있습니다.

위 표현들은 공문에 모두 사용할 수 있는 표현이므로 선택하여 작성하면 됩니다.

무조건 통과하는 공문서 작성법

13 '개선방안', '기대효과', '행정사항'의 띄어쓰기는?

공문서에서 띄어쓰기?

추진배경   기대효과
     개선방안   유의사항
작성대상   참고사항

공문에서 추진배경, 개선방안, 기대효과 등 네 글자 형태의 소제목을 쓸 때가 있습니다. 어떤 분은 '개선∨방안'처럼 띄어 쓰고, 또 어떤 분은 '개선방안'처럼 붙여 씁니다.

결론부터 말씀드리면 이런 네 글자 형태는 '개선∨방안'처럼 모두 띄어 쓰면 됩니다.

본청에 근무하면서 공문을 주고받을 때마다 공문서에서 가장 많이 쓰는 네 글자 유형을 틈틈이 메모해두었습니다. 모두 정리하여 국립국어원 표준국어대사전에 검색한 결과 '개선∨방안'처럼 띄어 쓰는 것이 원칙인 형태가 85% 정도였고, '운영^계획'과 같이 띄어 씀이 원칙이되 붙여 쓰는 것을 허용하는 것이 15% 정도였습니다.

결론은 2가지 유형 모두 띄어 쓰는 것이 원칙입니다.

아래 예시는 띄어쓰기가 원칙인 네 글자 유형입니다. 표준국어대사전에 한 단어로 올라 있지 않은 것으로 단어 단위로 띄어 써야 합니다.

개선∨방안, 개선∨사항, 개정∨사항, 개최∨일시, 개최∨장소, 검증∨방법,
검토∨배경, 검토∨사항, 검토∨의견, 결과∨발표, 결과∨보고, 계약∨방법,
계획∨보고, 공고∨방법, 공사∨계획, 공사∨내용, 관련∨규정, 관련∨근거,
교육∨기간, 교육∨대상, 구비∨서류, 근거∨규정, 근무∨장소, 근무∨지역,
근무∨형태, 기대∨효과, 기본∨방침, 기본∨방향, 기본∨원칙, 기준∨일자,
기타∨사항, 납부∨기한, 담당∨업무, 대상∨기간, 대상∨학교, 면접∨심사,
모집∨공고, 민원∨개요, 반납∨방법, 발생∨위치, 발생∨일시, 발생∨현황,
발전∨방향, 발표∨내용, 배부∨내용, 배부∨방법, 배부∨시기, 법적∨기준,
변동∨없음, 보고∨요지, 보수∨결과, 사업∨개요, 사업∨내용, 사용∨목적,
사용∨허가, 상담∨내용, 상담∨시간, 선발∨계획, 선발∨예정, 선발∨인원,
선정∨인원, 설문∨기간, 설문∨방법, 성과∨분석, 성과∨평가, 세부∨내용,
세부∨사항, 세부∨일정, 소요∨예산, 수강∨신청, 수행∨기간, 시간∨계획,
시행∨계획, 시행∨일시, 시행∨일자, 시험∨개요, 시험∨내용, 시험∨일정,
시험∨장소, 신입∨직원, 신청∨기간, 신청∨대상, 신청∨방법, 신청∨사항,
실태∨분석, 심사∨기준, 심사∨방법, 업무∨내용, 연수∨기간, 연수∨대상,
연수∨인원, 요구∨자료, 요청∨사유, 우대∨조건, 우수∨사례, 운영∨개요,
운영∨규모, 운영∨기간, 운영∨내용, 운영∨방법, 운영∨방안, 운영∨방침,

운영∨성과, 운영∨실적, 운영∨장소, 운영∨주최, 운영∨현황, 원서∨접수,

유의∨사항, 응시∨대상, 응시∨분야, 응시∨연령, 응시∨원서, 응시∨자격,

응시∨직종, 이상∨없음, 인사∨발령, 인사∨시기, 인적∨사항, 일반∨현황,

작성∨대상, 작성∨서류, 작성∨서식, 작성∨양식, 작성∨자료, 전달∨사항,

전형∨방법, 전형∨요소, 전형∨위원, 전형∨일시, 점검∨대상, 점검∨방법,

점검∨일시, 점검∨일정, 접수∨결과, 접수∨기간, 접수∨방법, 접수∨인원,

제안∨배경, 제안∨사항, 제출∨기한, 제출∨내용, 제출∨방법, 제출∨서류,

제출∨서식, 제출∨자료, 조사∨계획, 조사∨내용, 조사∨방법, 조치∨결과,

조치∨현황, 주요∨내용, 주의∨사항, 준비∨사항, 지원∨금액, 지원∨방법,

지정∨일자, 지출∨과목, 직무∨연수, 직속∨기관, 집행∨방법, 참가∨대상,

참가∨신청, 참가∨자격, 참고∨사항, 참석∨대상, 참여∨기관, 채용∨개요,

채용∨계획, 채용∨기준, 채용∨내용, 채용∨방법, 채용∨인원, 채점∨기준,

처리∨경과, 추진∨개요, 추진∨계획, 추진∨근거, 추진∨기간, 추진∨방안,

추진∨방향, 추진∨배경, 추진∨일정, 추진∨절차, 출제∨방법, 출제∨범위,

파견∨기간, 편성∨금액, 평가∨개요, 평가∨결과, 평가∨계획, 평가∨방법,

평가∨요소, 평가∨절차, 해당∨없음, 행동∨요령, 행사∨개요, 행사∨기간,

행사∨내용, 행사∨대상, 행사∨장소, 행사∨주관, 행정∨사항, 향후∨계획,

현안∨사업, 협의∨사항, 협조∨사항, 홍보∨계획, 홍보∨방법, 홍보∨방안,

확인∨결과, 훈련∨방법

아래 유형은 띄어쓰기가 원칙이되 붙여 쓰는 것도 허용하고 있습니다. '^(캐럿 기호)'
는 띄어쓰기가 원칙이되 붙여 쓰는 것도 허용함을 나타내는 약호입니다.

각급^학교, 결정^방법, 계약^기간, 교육^과정, 교육^연수, 관리^계획,

개인^정보, 근무^시간, 기본^과정, 기본^계획, 대체^인력, 사업^계획,

사용^시설, 사용^장소, 서류^심사, 서면^심의, 성과^지표, 소속^기관,

시험^과목, 시험^기간, 시험^범위, 실무^교육, 실시^계획, 예산^과목,

운영^계획, 운영^시간, 위탁^기관, 유효^기간, 입법^예고, 전수^조사,

조직^개편, 재정^집행, 지방^재정, 직무^교육, 평가^위원, 학교^시설,

행정^구역, 현황^자료, 협의^내용, 훈련^기간

'제출 기한' 뒤에 '까지'를 적으면 중복된 표기인가요?

표준국어대사전에서 '기한'은 '미리 한정하여 놓은 시기'를 의미합니다. 이 질문에 행정안전부는 다음과 같이 답변하고 있습니다. "「국어기본법」에 따른 어문 규범에 맞게 이해하기 쉽게 작성하시면 됩니다."

국립국어원에서는 '제출 기한'과 '까지'는 의미 중복으로 볼 수도 있지만 의미가 중복된 문장을 비문으로 판단할지는 견해 차가 있다고 합니다.

따라서 작성자가 '제출 기한' 뒤에 '까지'를 사용할 것인지 판단하면 됩니다.

제출 ∨ 기한: 2022. 5. 30.(월) 예 지원서의 제출 기한은 5월 30일입니다.

제출 ∨ 기한: 2022. 5. 30.(월)까지 예 서류 제출 기한은 다음 ∨ 달 30일까지입니다.

'해당사항 없음을 제출합니다'는
올바른 표기 방법인가요?

한글 맞춤법에 문장의 각 단어는 띄어쓰기를 원칙으로 한다고 되어 있습니다.

각각의 단어인데 임의로 붙여 쓰면 안 된다는 뜻입니다.

<수정 전>

수신 수신자 참조

(경유)

제목 갑질 예방 표어 사용 여부 확인 요청

....

1. 귀 기관의 무궁한 발전을 기원합니다.

2. 우리 교육청에서 실시한 '상호 존중 문화 조성을 위한 갑질 예방 표어' 공모 수상 후보
   작의 귀 기관 공모 여부를 확인하고자 하오니, 해당사항이 있는 기관에서는 2022. 3.
   18.(금)까지 회신하여 주시기 바랍니다.

   ※ 기한 내 회신이 없는 경우, 해당사항없음으로 처리 예정. 끝.

<수정 후>

수신 수신자 참조

(경유)

제목 갑질 예방 표어 사용 여부 확인 요청

⋯⋯

1. 귀 기관의 무궁한 발전을 기원합니다.

2. 우리 교육청에서 실시한 '상호 존중 문화 조성을 위한 갑질 예방 표어' 공모 수상 후보 작의 귀 기관 공모 여부를 확인하고자 하오니, 해당∨사항이 있는 기관에서는 2022. 3. 18.(금)까지 회신하여 주시기 바랍니다.

　※ 기한 내 회신이 없는 경우, 해당∨사항∨없음으로 처리 예정. 끝.

'해당', '사항', '없음'이 각각의 단어이므로, '해당∨사항∨없음'으로 전부 띄어 써야 합니다. '해당∨사항(이)∨없음을 보고합니다' 또는 '해당∨사항(이)∨없음을 제출합니다'로 작성할 수 있습니다.

16 표 오른쪽 위에 단위를 표기하는 방법은?

표에 쓰인 숫자의 단위(m^2, 만 명, 백만 원 등)는 표의 오른쪽 위에 모아서 표기합니다. 또한 'km', 'mm' 등 알파벳으로 이루어진 단위는 전각기호로 표기하는 것이 좋습니다.(한글2018 기준 CTRL+F10 ⇨ 사용자 문자표 ⇨ 단위기호에서 선택 km ⇨ km / mm ⇨ mm)

한글 맞춤법 제43항에 단위를 나타내는 명사는 띄어 쓴다고 되어 있습니다.

예 1억 5,000만∨km

다만, 숫자와 어울려 쓰는 경우에는 붙여 쓸 수 있습니다.

예 '3∨km', '3km', '5∨개월', '5개월', '30∨년', '30년'

표의 양쪽 테두리 선은 없어야 하나요?

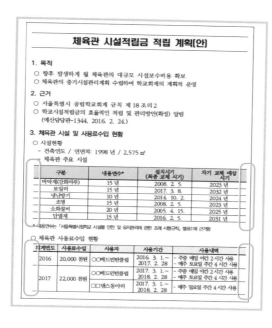

일반기안문의 본문에서 표의 양쪽 테두리 선 없이 작성한 공문을 종종 볼 수 있습니다. 표의 양쪽 선이 없으면 어떤 효과가 있을까요?

시야가 트여 보여서 표가 조금 더 예쁘게 보인다는 의견도 있습니다. 표의 양쪽 테두리 선이 없는 것은 '일반기안문'보다 보고서 형태인 '간이기안문'에서 많이 볼 수 있는 형태입니다. 일반기안문에서 표는 기본적인 네모 형태 그대로 작성하길 권장합니다.

18 본문에서 표의 정확한 위치는?

　행정안전부의 〈행정업무운영 편람〉에서는 표의 위치를 2가지로 제시하고 있습니다. 첫 번째, 왼쪽 기본선부터 오른쪽 한계선까지 전체를 사용합니다. 가장 쉬운 표 그리기 방법으로 그냥 꽉 채우면 됩니다.

1. 관련: 총무과-11111(2022. 8. 11.)
2. 3차, 4차 ○○ 교육을 다음과 같이 실시하오니 각 기관에서는 희망자 명단을
   2022. 8. 30.까지 제출해주시기 바랍니다.
   가. 교육 개요

회차	대상	교육 일자	시간	교육 방법
3차	○○○	2022. 7. 30.(금)	09:00~12:00	온라인 원격 연수
4차	○○	2022. 8. 13.(금)	14:00~17:00	

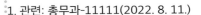

기본선　　　　　　　　　　　　　　　　　　　　　　　　　　한계선

두 번째, 표 제목의 아래 위치부터 시작해서 오른쪽 한계선까지 사용하면 됩니다.

1. 관련: 총무과-11111(2022. 8. 11.)
2. 3차, 4차 ○○ 교육을 다음과 같이 실시하오니 각 기관에서는 희망자 명단을
   2022. 8. 30.까지 제출해주시기 바랍니다.
   가. 교육 개요

회차	대상	교육 일자	시간	교육 방법
3차	○○○	2022. 7. 30.(금)	09:00~12:00	온라인 원격 연수
4차	○○	2022. 8. 13.(금)	14:00~17:00	

기본선

한계선

표 안의 내용을 작성할 때 글꼴, 크기 등 특별한 규정이 있나요?

특별히 규정하고 있지 않습니다. 본문과 같은 글꼴로 작성하시면 됩니다. 다만, 표 안에는 본문 글꼴의 크기보다 1~2포인트 작은 크기로 작성하는 것이 자연스러워 보입니다.

19 표를 그리다가 중간에 끝났을 경우 '끝' 표시는?

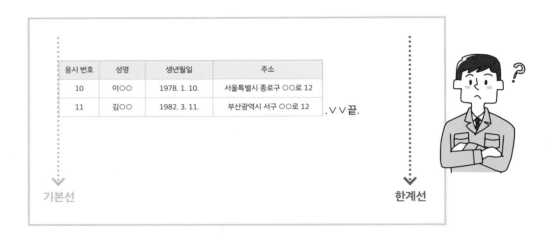

응시 번호	성명	생년월일	주소
10	이○○	1978. 1. 10.	서울특별시 종로구 ○○로 12
11	김○○	1982. 3. 11.	부산광역시 서구 ○○로 12

.∨∨끝.

기본선   한계선

'기초편'에서 본문이 표로 끝나는 경우(표의 마지막 칸까지 작성되는 경우)에는 표 아래 왼쪽 기본선에서 한 글자(2타) 띄우고 '끝' 표시를 한다고 했습니다.

이 규정을 기억하면서 어떤 분이 표를 짧은 형태로 작성했을 때 "표가 끝난 마지막에 마침표를 찍고 한 글자(2타) 띄우고 '끝' 표시를 하느냐?"고 다시 질문했습니다.

정답은 '아니요'입니다. 표를 먼저 정확하게 그리기 바랍니다. 표를 왼쪽 기본선에서 오른쪽 한계선까지 정확하게 위치하였다면 질문과 같은 상황은 없을 것입니다.

20 표의 중간에서 기재 사항이 끝나는 경우 표기하는 '이하 빈칸'을 '아래 빈칸'으로 순화해서 작성해야 하나요?

응시 번호	성명	생년월일	주소
10	이○○	1978. 1. 10.	서울특별시 종로구 ○○로 12
이하∨빈칸			

이하 빈칸
(=이하 여백)
아래 빈칸?

　강의 중에 한 분이 손을 들고 이런 질문을 했습니다. 본인은 오래전부터 '이하 여백'이 '아래 빈칸'으로 순화되었다는 것을 알고 있다고 했습니다. 여기서 얘기하는 '이하 빈칸'도 '이하 여백'과 같은 의미이기 때문에 '아래 빈칸'으로 순화해서 작성해야 한다는 말이었습니다.

강의 중에 처음 받는 질문이었고 '이하 빈칸'의 내용이 〈행정업무운영 편람〉에 있는 내용 그대로라고 말씀드렸지만, 납득되지 않는 듯했습니다. 오히려 〈행정업무운영 편람〉을 작성한 공무원이 잘못 알고 있어서 이렇게 표현한 것이라고까지 말했습니다.

상황을 정리하고자 일단 이 내용을 다시 확인 후에 안내해드리겠다고 말씀드리고 국립국어원에 관련 내용을 질의했습니다.

국립국어원은 다음과 같이 안내하고 있습니다. "〈행정업무운영 편람〉에서 '일반기안문'의 '끝' 표시에 한하여 '이하 빈칸'으로 쓰도록 정해놓았으므로, '일반기안문'에서 '표의 중간에서 기재 사항이 끝나는 경우'에는 정해놓은 대로 '이하 빈칸'으로 쓰시기 바랍니다."

즉, 〈행정업무운영 편람〉에서 이미 정해진 사항은 더 이상 이야기하지 말라는 것이었습니다.

21 공문 제목에서 '2022년'을 '2022.'으로 마침표를 사용할 수 있나요?

「행정업무의 운영 및 혁신에 관한 규정」 제7조제5항에 문서에 쓰는 날짜는 숫자로 표기하되, '연ㆍ월ㆍ일'의 글자는 생략하고 그 자리에 온점(마침표)을 찍어 표시한다고 되어 있습니다.

여기서 한 가지 주의할 점이 있습니다. '연', '월', '일'만 단독으로 쓰고자 할 때는 글자 대신 마침표를 찍어 표시하면 안 됩니다. 우리가 공문에서 '월'이나 '일'을 단독으로 표기할 일은 거의 없지만, '연'은 단독으로 표기할 일이 많습니다.

특히 공문 제목에서 '2022년'처럼 '연도'를 단독으로 쓰는 경우입니다. 이때는 '2022'라는 숫자에 마침표(.)를 찍어서 '2022.'과 같이 쓰지 않고 '2022년'처럼 써야 한다는 뜻입니다.

<수정 전>

○○교육청

수신 수신자 참조

(경유)

제목 2022. ○○센터 흡연 학생 상담 신청 안내

1. 관련: ○○과-1681(2022. 2. 14.) "2022. 학교 ○○ 사업 계획 및 예산 교부 안내"
2. 2022. ○○센터 운영 계획을 다음과 같이 안내하니, 각급 학교에서는 해당 학생이 신청할
   수 있도록 적극적으로 안내하여 주시기 바랍니다.

<수정 후>

○○교육청

수신 수신자 참조

(경유)

제목 2022년 ○○센터 흡연 학생 상담 신청 안내

1. 관련: ○○과-1681(2022. 2. 14.) "2022년 학교 ○○ 사업 계획 및 예산 교부 안내"
2. 2022년 ○○센터 운영 계획을 다음과 같이 안내하니, 각급 학교에서는 해당 학생이 신청할
   수 있도록 적극적으로 안내하여 주시기 바랍니다.

'2022년도', '2022년', '2022' 차이가 뭐죠?

'2022년도'의 '년도'는 국립국어원 표준국어대사전에 '해(年)'를 뜻하는 말 뒤에 쓰여 일정한 기간 단위로서 '그해'를 의미한다고 되어 있습니다. 즉, '2022년도'는 2022년 1월부터 12월까지 '한 해 동안'이라는 기간을 강조하는 표현입니다. '2022년도 달력', '2022년도 출생자', '2022년도 예산안'처럼 씁니다.

'2022년'의 '년'은 '1년은 365일이다'처럼 단순히 그해를 나타내는 표현입니다.

'2022'와 같이 숫자만 쓰는 것은 관행적인 표현 방식입니다. 담당자가 이렇게 작성하면 결재자가 앞뒤 문맥을 판단하여 이것이 '2022년도'인지 '2022년'인지 판단해야 하는 번거로움이 있습니다. 따라서 숫자만 표기하는 것은 지양하고, 되도록 '년도'와 '년'을 명확히 구분하여 작성하는 것이 좋습니다.

참고로 학교에서 사용하는 '학년도'는 한 학년의 교육과정을 치르는 기간을 말하며, 우리나라에서는 3월 1일부터 다음 해 2월 말까지를 한 학년도라고 정하고 있습니다.

23 '붙임 참조'가 맞나요, '붙임 참고'가 맞나요?

"행정 사항은 붙임을 참조하십시오." 그동안 관행적으로 많이 써왔던 말입니다. 여기서 '붙임'은 '참조'가 아니라 '참고'를 써야 합니다.

'참고'는 첨부해서 붙여놓은 것을 재료로 삼아서 보라는 뜻이므로 '붙임 참고'가 맞습니다. 국립국어원의 〈표준어 규정 해설〉과 법제처의 〈알기 쉬운 법령 정비 기준〉에서는 '붙임'의 표기를 '[붙임∨1]', '[붙임∨2]' 등으로 제시하고 있습니다.

'참조'는 비교 대상이 있을 때 씁니다. 예를 들어 어떤 기사를 읽을 때 그와 관련된 다른 기사를 비교해보라는 뜻으로 '관계 기사 참조'라고 씁니다.

> ☑ 공문에서 단지 업무에 도움이 될 만한 재료로 삼아서 보라는 뜻이라면 '참고'로 써야 합니다.

하루는 과장님께서 저를 부르셨습니다. 과의 서무 담당이었던 저보고 부서원 전체에게 메신저로 다음 내용을 안내하라고 하셨습니다. 앞으로 공문이나 보고서에서 '붙임1'을 표기할 때는 '[붙임∨1]'처럼 표기하라는 말씀이셨습니다. 즉시 모든 부서원

무조건 통과하는 공문서 작성법

에게 "과장님 지시 사항입니다. 앞으로 모든 문서에 '[붙임∨1]'처럼 작성하시기 바랍니다."라고 전달했습니다.

그리고 다른 업무를 보고 있는데 과장님께서 부서원 한 명을 붙잡고 호통치는 상황이 발생했습니다. 이유를 알아보니 붙임 표기를 말씀하신 대로 안 썼다는 것이었습니다. 그분이 메신저를 제대로 확인하지 않고 결재를 올린 것이 문제의 발단이었습니다.

붙임∨참고
[붙임∨1]∨참고
[붙임∨2]∨참고

24 붙임으로 한글 문서 10개를 압축(ZIP) 파일 1개로 첨부했을 때 '1부'인가요, '10부'인가요?

'1부'의 '부'는 신문이나 책을 세는 단위입니다. '장'과는 쓰임이 다릅니다. 한 장으로 이루어진 경우도 '1부'로 쓰고, 여러 장으로 되어 있더라도 하나의 묶음으로 된 것이라면 '1부'로 씁니다.

행정안전부의 〈행정업무운영 편람〉에 따라 원칙적으로 첨부물이 2가지 이상인 경우에는 항목을 구분해야 하므로 첨부 문서의 압축은 지양하고 각각의 문서를 표시해야 합니다.

시도교육청의 'K-에듀파인' 대학교의 '코러스'와 지방자치단체의 '온나라'에서는 압축(ZIP) 문서의 첨부가 가능하기 때문에 이런 질문을 종종 합니다.

먼저 붙임으로 '입사 지원서' 한글 문서 10개를 압축(ZIP) 파일 1개로 첨부한 경우입니다. 원칙은 각각의 한글 문서 총 10개를 첨부해야 하지만, 편의상 압축(ZIP) 문서 1개로 첨부했습니다. 이때는 압축하기 전의 형태를 살려서 '입사 지원서 10부'로 표기합니다.

다음으로 붙임에 '입사 지원서' 한글 문서 5개와 '자기소개서' 한글 문서 5개를 압축(ZIP) 파일 1개로 첨부한 경우입니다. 이때도 압축하기 전의 형태인 '1. 입사 지원서 5부', '2. 자기소개서 5부'로 표기합니다.

즉, "첨부물이 2가지 이상인 때에는 항목을 구분하여 표시한다."는 규정에 따라, 편의상 압축했더라도 압축하기 전의 첨부물을 모두 밝혀 작성합니다.

입사 지원서 10부를 1개의 파일로 압축(ZIP)해서 붙임으로 첨부했다면,

붙임 입사 지원서 10부. 끝.

입사 지원서 5부와 자기소개서 5부를 1개의 파일로 압축(ZIP)해서 붙임으로 첨부했다면,

붙임 1. 입사 지원서 5부.

　　　2. 자기소개서 5부. 끝.

25 '별도 송부'의 올바른 표기 방법은?

계획서∨1부(별도∨송부).∨∨끝.
계획서∨1부.(별도∨송부)∨∨끝.
계획서∨1부.∨(별도∨송부)∨∨끝.

'별도 송부'의 작성은 행정안전부의 〈행정업무운영 편람〉이나 「국어기본법」의 어문 규범에서 정하고 있지 않은 사항입니다. 계획서 1부를 별도로 보내고자 한다면 '붙임∨∨계획서∨1부(별도∨송부).∨∨끝.'과 같이 표기하면 됩니다. '별도'는 '따로', '송부'는 '보냄'으로 다듬어 씁니다.

지방자치인재개발원의 〈행정업무운영실무〉 예시문에서 '별송'의 형태를 찾아볼 수 있습니다. 국립국어원 표준국어대사전에서 별송은 '별도로 보냄'을 의미하며, 사전에 등재된 말이지만 공문서를 작성할 때는 '별도 송부'의 원래 형태 그대로 표기하기를 권장합니다.

무조건 통과하는 공문서 작성법

26 붙임의 이름을 작성할 때 파일명 그대로 다 적어야 하나요?

「행정업무의 운영 및 혁신에 관한 규정」 제7조제2항에 "문서의 내용은 간결하고 명확하게 표현하고 일반화되지 않은 약어와 전문용어 등의 사용을 피하여 이해하기 쉽게 작성하여야 한다."고 되어 있습니다.

파일명 그대로 표기?
간단하게 줄여서 표기?

(본문)………………………………………………………… 주시기 바랍니다.

붙임∨∨○○○계획서∨1부.∨∨끝.

따라서 파일명을 있는 그대로 작성해도 되지만, 간결하게 표현할 수 있습니다.

27 붙임 파일명이 길어져서 두 줄 이상인 경우
정렬 방법은?

아래 예시처럼 붙임 파일명을 그대로 작성한 경우에 그 파일명이 길어서 두 줄 이상인 경우가 되었을 때에는 "항목이 두 줄 이상인 경우에 둘째 줄부터는 항목 내용의 첫 글자에 맞추어 정렬한다."는 규정에 따라 정렬하면 됩니다.

(본문) ·· 주시기 바랍니다.

붙임∨∨1.∨2022년 상반기 안전 보건 확보 의무 이행 사항 점검 결과 조치 사항 및
　　　　컨설팅 계획∨1부.
　　　2.∨현장 점검표∨1부.∨∨끝.

☑ "항목이 두 줄 이상인 경우에 둘째 줄부터는
항목 내용의 첫 글자에 맞추어 정렬한다.

168　　　　　　　　　　　　　　　　　　　무조건 통과하는 공문서 작성법

28 의견 조회 공문에서 본문이 참고표(※) 문장으로 끝났을 경우 '끝' 표시는?

「행정업무의 운영 및 혁신에 관한 규정 시행규칙」 제4조제5항에 "본문의 내용(본문에 붙임이 있는 경우에는 붙임을 말한다)의 마지막 글자에서 한 글자 띄우고 '끝' 표시를 한다."라고 되어 있습니다. 행정안전부와 국립국어원에서는 참고표(※) 문장도 본문에 포함된다고 보아 '끝'은 가장 마지막에 표시하도록 안내하고 있습니다.

---

1. 관련: ○○과-○○○○(2022.∨8.∨11.)
2. … 의견을 조회하오니, 의견이 있는 경우 2022.∨8.∨18.(목)까지 제출하여 주시기 바랍니다.
　　※ 기한∨내∨미제출∨시∨'해당∨사항∨없음'으로∨처리함.∨∨끝.

 '끝'은 정말 끝입니다.
'끝' 뒤에는 어떠한 것도 올 수 없습니다.

참고표(※) 문장으로 시작할 때
참고표의 정렬 위치는?

「행정업무의 운영 및 혁신에 관한 규정」에 참고표(※)의 사용례에 관한 규정은 두고 있지 않습니다.

---

1. 관련: ○○과-○○○○(2022. 8. 11.)
2. 우리 교육청에서는 … 의견을 조회하오니 … 제출하여 주시기 바랍니다.
　　※ 기한 내 미제출 시 '해당 사항 없음'으로 처리함. 끝.

다만, 우리가 참고표(※)를 쓴 이유는 대부분 바로 위 항목을 보충 설명하는 기능이므로 참고표(※) 문장이 바로 위 항목에 포함된다고 보고 "항목이 두 줄 이상인 경우에 둘째 줄부터는 항목 내용의 첫 글자에 맞추어 정렬한다."는 원칙에 따라 참고표(※) 기호를 위 예시의 '우' 아래에 맞추어 정렬하면 됩니다.

개인정보 관련 '유의 사항'이나 발송 기관 관련 '안내 문구'의 위치는?

30

"이 공문에는 개인정보가 포함되어 있으므로 개인정보보호에 유의해 주시기 바랍니다."와 같은 개인정보보호 관련 유의 사항이나 "이 공문은 본청, 직속 기관, 교육지원청, 각급 학교에 발송합니다."와 같은 안내 문구를 공문에 표시할 때 본문에서 위치를 묻는 질문입니다.

「행정업무의 운영 및 혁신에 관한 규정 시행규칙」 제4조제5항에 본문의 마지막에 '끝' 표시를 한다고 되어 있어 '끝' 표시 후 '유의 사항'이나 '안내 문구'를 삽입하는 것은 관련 규정에 맞지 않습니다. 따라서 아래와 같이 표시하면 됩니다.

··· 주시기 바랍니다.

이 공문에는 개인정보가 포함되어 있으므로 개인정보보호에 유의해 주시기 바랍니다.

붙임∨∨1.∨○○○계획서∨1부.
　　　2.∨○○○서류∨1부.∨∨끝.

참고로 '개인정보보호'는 우리말샘에서 '개인^정보^보호'로 검색 결과가 나옵니다. '개인정보보호'는 전문용어로 '개인∨정보∨보호'와 같이 띄어 쓰는 것이 원칙이나 '개인정보보호'와 같이 붙여 쓰는 것도 허용합니다.

31 내부결재 문서에서 '예산 과목' 또는 '지출 과목'을 표기할 때 쓰는 문장부호는?

① 예산 과목: 기본적 교육활동-교과 활동-교과 활동 지원-학습 준비물 구입
② 예산 과목: 기본적 교육활동 - 교과 활동 - 교과 활동 지원 - 학습 준비물 구입
③ 예산 과목: 기본적 교육활동/교과 활동/교과 활동 지원/학습 준비물 구입
④ 예산 과목: 기본적 교육활동 / 교과 활동 / 교과 활동 지원 / 학습 준비물 구입

정답은 ①번입니다. '기본적 교육활동-교과 활동-교과 활동 지원-학습 준비물 구입'과 같이 붙임표(-)를 사용합니다. 붙임표는 앞말과 뒷말에 붙여 씁니다. 붙임표(-)는 차례대로 이어지는 내용을 하나로 묶어 열거할 때 각 어구 사이에 씁니다. 경우에 따라서 붙임표 대신 쉼표나 가운뎃점을 사용할 수도 있습니다.

예 멀리뛰기는 도움닫기-도약-공중 자세-착지의 순서로 이루어진다.

빗금(/)은 대비되는 2개 이상의 어구를 묶어 나타낼 때 그 사이에 씁니다.

예 남반구/북반구, 금메달/은메달/동메달

32 산출 내용을 작성할 때 사용하는 부호(·, ※, +, ×)의 띄어쓰기는?

| 가나다라 | ※가나다라 | 1+1=2 | 1×1=1 |
| ∨가나다라 | ※∨가나다라 | 1∨+∨1∨=∨2 | 1∨×∨1∨=∨1 |

제목 2022년도 ········ 업무 추진을 위한 예산 집행 계획

1. 관련: 총무과-11111(2022. 8. 11.)
2. ······ 업무 추진을 위한 예산을 다음과 같이 집행하고자 합니다.
 가. 추진 기간: 2022. 10. 1.~10. 31.
 나. 소요 예산: 금576,000원(금오십칠만육천원)
 다. 산출 내용: 8,000원×6명×12회=576,000원

'·, ※, +, ×'는 문장부호 규정에서 다루고 있지 않아서 띄어쓰기를 판단할 규정이 없습니다. 다만, '+, ×, ='는《수학의 정석》,《디딤돌 수학》등 수학 분야의 관례를 참고한다면 모두 붙여 쓰고 있습니다.

33 경력 사항이나 명칭 변경과 관련된 '구', '전', '현' 등은 어떻게 표기해야 하나요?

'현'과 '구'는 모두 관형사라는 점에서 뒷말과 띄어 쓰며, 별다른 부호 없이 쓰는 것이 보통입니다.

예 영문고등학교(현∨예일메디텍고등학교), 예일메디텍고등학교(전∨영문고등학교/구∨영문고등학교)

수신 수신자 참조

(경유)

제목 ○○초등학교(現△△초등학교) 교명 변경 알림

···

1. 귀 기관의 무궁한 발전을 기원합니다.

2. ○○학교 설치 조례(제4601호, 2021. 12. 27. 일부 개정)와 관련하여 우리 학교의 교명이
   2022. 3. 1. 자로 변경됨을 알려드리니 업무에 참고하시기 바랍니다.

기존	변경	변경일
△△초등학교	○○초등학교	2022. 3. 1.

   끝.

---

34 한계선에서 문장의 어절이 한 글자씩 어색하게 다음 줄로 나눠지는 경우는?

관련 내용은 행정안전부의 〈행정업무운영 편람〉이나 「국어기본법」의 어문 규범 등에 명시되어 있지 않습니다. 다만, 가독성을 위해서 하나의 어절이 한눈에 들어오도록 작성합니다.

<수정 전>

1. 관련: ○○과-3100(2022.∨7.∨22.)
2. ·· 하
   오니

<수정 후>

1. 관련: ○○과-3100(2022.∨7.∨22.)
2. ···
   하오니

35 법령문에서 '조, 항, 호, 목' 번호의 띄어쓰기는?

법령문에서 '각 조, 각 항, 각 호, 각 목'은 '제3조제2항제1호가목'처럼 붙여 씁니다.

문제는 대한민국 법원 누리집에서 '주요 판결'을 검색해보면 대법원의 주요 판결문은 '제3조∨제2항∨제1호∨가목'처럼 '각 조, 각 항, 각 호, 각 목'을 띄어 쓰고 있습니다. 또한 국립국어원에서는 '제3조제2항'보다는 '제3조∨제2항'으로 띄어 쓰는 것이 가독성이 더 높다고 안내하고 있습니다. 이러한 것들을 고려하여 "띄어 쓰는 것이 올바른 표기법이 아니냐?"라고 하는 분이 있습니다.

법제처의 〈알기 쉬운 법령 정비 기준〉에서는 '제3조제2항제1호가목'처럼 붙여 쓰도록 안내하고 있고, 「행정업무의 운영 및 혁신에 관한 규정」을 예로 든다면, 규정 내용상 '조, 항, 호, 목'은 모두 붙여 쓰고 있습니다.

☑️ 〈알기 쉬운 법령 정비 기준〉은 법령문에 적용되는 기준!

법령문 외의 글에서는 띄어 쓰는 것이 가능

무조건 통과하는 공문서 작성법

이와 관련하여 법제처 알기쉬운법령팀의 의견은 다음과 같습니다.

〈알기 쉬운 법령 정비 기준〉에서는 '조, 항, 호, 목'의 번호는 하나의 명칭 또는 의미 단위로 보아 붙여 쓰도록 하고 있습니다. 다만, 〈알기 쉬운 법령 정비 기준〉은 법령문을 알기 쉬운 용어와 문장으로 작성할 때 필요한 참고 사항을 정리한 것으로서 법령문에 적용되는 기준입니다. 법령문 외의 글에서는 띄어 쓰는 것이 가능합니다.

법령의 제명과 조항을 같이 표기할 때 띄어쓰기는?

'1. 관련: 「지방공무원법」∨제1조제2항'처럼 띄어서 씁니다. 법제처의 〈법령 입안 심사 기준〉에 '법령의 제명'과 '조항'은 띄어쓰고 있습니다.

36 이름을 나열할 때 이름이 한 글자인 경우 띄어쓰기는?

공문서에서 이름을 나열할 때 대상자 명단에 일반적인 세 글자가 아닌 '선'씨인 '우진'과 '남궁'씨인 '억', '이'씨인 '정'이 포함되어 있다고 한다면 띄어쓰기를 어떻게 해야 할까요?

성과 이름은 아래와 같이 붙여쓰기가 원칙입니다.

참석 대상자: 홍길동, 이철수, 선우진, 남궁억, 이정(원칙)

다만, 이렇게 작성하면 '선-우진'인지 '선우-진'인지, '남-궁억'인지 '남궁-억'인지 혼동할 우려가 있으므로 한 글자 성이든 두 글자 성이든 성과 이름을 분명하게 밝힐 필요가 있을 때는 아래와 같이 띄어 쓸 수 있습니다.

참석 대상자: 홍∨길동, 이∨철수, 선∨우진, 남궁∨억, 이∨정(허용)

그렇다면 "이름이 한 글자인 경우 띄어쓰기는 어떻게 하나요?"

위의 예시처럼 '이정'으로 붙여쓴다고 해서 성과 이름을 혼동할 우려는 적다고 볼 수 있습니다.

결국 '이름' 띄어쓰기의 핵심은 '성'과 '이름'을 혼동할 우려가 있는지에 있습니다.

[한글 맞춤법 제48항]

성과 이름, 성과 호 등은 붙여 쓰고, 이에 덧붙는 호칭어, 관직명 등은 띄어 쓴다.

홍길동 씨, 최치원 선생, 행정안전부 장관

다만, 성과 이름, 성과 호를 분명히 구분할 필요가 있을 경우에는 띄어 쓸 수 있다.

남궁억/남궁 억, 독고준/독고 준

○○대학교

(경유)

제목 2024년 상반기 모범공무원 포상 공적 심사 위원회 개최 안내

1. 관련: ○○과-123(2024. 6. 3.)

2. 2024년 상반기 모범공무원 포상과 관련하여 공적 심사 위원회를 개최하오니, 해당 위원이 회의에 참석할 수 있도록 안내하여 주시기 바랍니다.

　가. 개최 일시: 2024. 7. 1.(월) 10:00

　나. 회의 장소: 제1회의실(대학본부 1층)

　다. 참석 대상자: 홍길동, 이철수, 선우진, 남궁억, 이정(원칙)

　다. 참석 대상자: 홍∨길동, 이∨철수, 선∨우진, 남궁∨억, 이∨정(허용)

붙임 심사 자료 1부. 끝.

접속사 앞뒤에 쉼표를 찍는 것과 안 찍는 것

접속사 다음에 쉼표를 찍는 것과 안 찍는 것은 다음과 같이 구분할 수 있습니다.

첫째, 둘째, 셋째, 먼저, 다음으로, 마지막으로,

쉼표를 씁니다.(열거의 순서를 나타내는 어구 다음에)

그리고/그러나/그런데/그러므로

쉼표를 쓰지 않는 것이 자연스럽습니다.(일반적으로 쓰이는 접속어 뒤에)

단/다만/특히/또한/반면/한편/아울러

쉼표를 붙일 수도, 안 붙일 수도 있습니다.(글쓴이가 판단합니다.)

정훈 그리고 동근, 태원, 덕호까지...

정훈, 동근, 태원 그리고 덕호까지...

그리고 앞에는 쉼표를 쓰지 않는 것이 자연스럽습니다.

책의 서문, 곧 머리말에는

원만한 인간관계는 말과 관련한 예의, 즉 언어 예절을

(한 문장 안에서) '곧', '즉', '다시 말해', '이를테면' 앞에는 쉼표를 씁니다.

다시 말해,/다시 말해 선입견은 틀릴 때가 더 많다는 것이 내 경험이다.

이를테면,/이를테면 어린아이로서는 그런 어려운 과제를 감당할 수가 없다는 것이다.

(문장 첫머리에서) '곧', '즉', '다시 말해', '이를테면' 뒤에 쉼표는 붙일 수도, 안 붙일 수도 있습니다.(글쓴이가 판단합니다.)

38 소제목 정렬은 양쪽 배분해야 하나요?

수신 수신자 참조

(경유)

제목 행정 문서 바르게 알고 쓰기 과정 안내

1. 귀 기관의 무궁한 발전을 기원합니다.

2. 행정 문서 바르게 알고 쓰기 과정을 다음과 같이 개설하오니 소속 직원이 많이 신청할
   수 있도록 안내하여 주시기 바랍니다.

   가. 과정명: ❶   가. 과 정 명: ❷

   나. 교육 목적: 나. 교육 목적:

   다. 교육 내용: 다. 교육 내용:

   라. 교육 방법: 라. 교육 방법:

   마. 주최: 마. 주   최:

우리가 쓰는 공문서는 「국어기본법」의 어문 규범을 적용합니다. 여기에는 한글 맞춤법의 띄어쓰기가 포함되어 있습니다. '마' 항목의 '주최'만 본다면 띄어쓰기를 ①번과 ②번 중 어떻게 할까요? ①번처럼 왼쪽으로 붙여서 작성하면 됩니다. ②번처럼 양쪽 배분하여 정렬할 필요가 없습니다.

국립국어원 표준국어대사전 활용 방법

국립국어원 표준국어대사전(https://stdict.korean.go.kr)을 항상 즐겨찾기 해놓고 활용하십시오. 공문서 작성법의 마지막은 띄어쓰기입니다. 실제로 공문서 작성에서 가장 헷갈리는 것이 띄어쓰기이므로 표준국어대사전을 활용하여 띄어쓰기를 확인하는 습관을 생활화해야 합니다.

국립국어원 표준국어대사전에 '개선방안'을 검색해보면 검색 결과가 없다고 나옵니다. 이것은 '개선'이라는 단어와 '방안'이라는 단어를 임의로 붙여서 검색하였기 때문입니다. 즉, '개선'과 '방안'은 각각의 단어이므로 띄어쓰기를 원칙으로 한다는 것입니다.

개선방안 ⇨ 개선∨방안

국립국어원 표준국어대사전에 '근거규정'을 검색하면 결과가 바로 나올 수도 있고, '우리말샘'으로 이동하여 검색 결과가 나올 수도 있습니다.

'표준국어대사전'은 어문 규범을 제시하기 위한 사전이고, '우리말샘'은 실생활에서 사용되는 국어의 다양한 쓰임과 현상을 담은 사전입니다.

'근거규정'을 검색하였는데 검색 결과로 '권리^근거^규정'만 나왔습니다. 즉, 권리근거규정은 전문용어로서 띄어쓰기가 원칙인데 붙여쓰기를 허용한다는 의미입니다. 다만, 우리가 검색한 '근거규정'은 검색 결과에 없으므로 '근거∨규정'처럼 띄어 써야 합니다.

국립국어원 표준국어대사전에 '운영계획'을 검색하면 우리말샘에서 '운영^계획'으로 검색 결과가 나옵니다. 즉, '운영계획'은 띄어 쓰는 것이 원칙인데 붙여 쓰는 것을 허용하고 있습니다.

국립국어원 표준국어대사전에 '유의사항'을 검색하면 '유의 사항'으로 검색 결과가 나옵니다. '유의'와 '사항' 사이에 한 타 띄어져 있습니다. 즉, 유의 사항은 띄어 쓰라는 뜻입니다.

국립국어원 표준국어대사전에 '다음날'을 검색하면 '다음-날'로 검색 결과가 나옵니다. '다음'과 '날' 사이에 붙임표(-)가 있습니다. 즉, '다음-날'은 '다음날'처럼 붙여 쓴다는 뜻입니다.

무조건 통과하는 공문서 작성법

부록 1

공문 바로잡기
첨삭 사례 20

○○부

수신 수신자 참조

(경유)

제목 2022년 교육공무원 성과상여금 설문조사 실시 안내

1. 관련: 교육협력과-101(2022.2.13.) ❶

2. 2022년 교육공무원 성과상여금 설문조사를 아래와 같이 실시하고자 하오니, 해당 기관에

    서는 많은 교원들이 참여할 수 있도록 안내하여 주시기 바랍니다.

    실시하오니/실시하니 ❷

    가. 대상: 국·공·사립학교 및 국·공립유치원, 교원, 교육전문직원

      국공립 ❸

    나. 설문기간: 2022.3.23.(월)~4.24.(금) ❹

      설문 기간: 2022. 3. 23.(월)~4. 24.(금)

    다. 설문방법: 온라인 설문 실시 ❺

❼ ※ 나이스 접속 → 설문조사 팝업창에 링크된 주소 클릭 → 설문실시

      알림창 ❻

    라. 협조사항: 시·도교육청에서는 나이스(NEIS) 팝업 공지사항에 성과상여금 설문조사 사이

      트 주소 안내 및 링크

      시도교육청   알림창

붙임 2022년 성과상여금 설문조사 실시 안내 1부. 끝. ❽

① 관련∨:∨교육협력과-101(2022.2.13.)

⇨ 관련:∨교육협력과-101(2022.∨2.∨13.)

쌍점(:)이 설명의 기능으로 쓰일 때 앞으로 붙이고 뒤로는 띄어 씁니다. 날짜는 띄어 씁니다.

② 실시하고자 하오니 ⇨ 실시하오니/실시하니

일반적으로 내부결재 문서의 경우 '~하고자 하오니/하니' 등으로 작성합니다. 이 문서는 발송하는 문서(수신자 참조)로 '실시하오니/실시하니'로 씁니다.

③ 국·공립 ⇨ 국공립

'국공립'은 표준국어대사전에 한 단어로 등재되어 있으므로 가운뎃점(·)을 사용하지 않습니다.

④ 설문기간∨:∨2022.3.23.(월)∨~∨4.24.(금)

⇨ 설문∨기간:∨2022.∨3.∨23.(월)~4.∨24.(금)

쌍점(:)이 설명의 기능으로 쓰일 때 앞으로 붙이고 뒤로는 띄어 씁니다. 날짜는 띄어 쓰고, 물결표(~)는 앞말과 뒷말에 붙여 씁니다.

⑤ 팝업 ⇨ 팝업∨창 ⇨ 알림창

'팝업 창'은 '알림창'으로 다듬어 씁니다.

⑥ 시·도교육청 ⇨ 시도교육청

'시도'는 표준국어대사전에 한 단어로 등재되어 있으므로 가운뎃점(·)을 사용하지 않습니다.

⑦ 다. 설문방법: 다. 설문 방법:

　　 ※ 나이스 접속　 ⇨ 　 ※ 나이스 접속

참고표(※) 문장이 '다' 항목에 포함되는 내용이라면, "항목이 두 줄 이상인 경우에 둘째 줄부터는 항목 내용의 첫 글자에 맞추어 정렬한다."는 원칙에 따라 참고표(※) 기호를 '설' 아래에 맞추어 정렬합니다.

⑧ 교육^공무원, 시도^교육청, 설문^조사

'^' 표시가 붙은 것은 띄어 쓰는 것이 원칙이나 붙여 씀을 허용한다는 표시입니다. 공문서에서 '^' 기호는 허용에 따라 대체로 붙여 쓰는 경향이 있습니다. 하나의 일반 기안문에서 '^' 기호를 띄어 쓸 것인지 붙여 쓸 것인지 작성하는 사람이 정해서 하나로 통일하면 됩니다.

○○부

수신 수신자 참조

(경유)

제목 2022년 지방교육재정 집행관리 계획 알림 ❶

1.관련: ❷

> 가. 2022년도 지방교육재정 조기집행 사전계획 자료 제출 요청(OO과-1234, 2021.12.13.)
>
> 나. 2022년 상반기 지방교육재정 집행관리 계획 제출(OO과-345, 2022.1.18.) ❸

2.불확실한 경제상황에 대응하고 지방교육재정의 효율적인 운영을 통해 경기활성화에 기여할 수 ❹으로

있도록 「2022년도 지방교육재정 집행관리계획」을 붙임과 같이 보내드리니, 각 시·도교육청에 ❺

서는 자체 집행계획을 수립하여 시행하여 주시기 바랍니다. 시도교육청

붙임 ❻ 1. 2022년도 지방교육재정 집행관리 계획 1부. 끝.

가. OO과-1234(2021. 12. 13.) "2022년도…제출 요청"

나. OO과-345(2022. 1. 18.) "2022년 상반기…계획 제출"

① 집행관리, 조기집행, 사전계획, 경제상황, 경기활성화, 집행계획

⇨ 집행∨관리, 조기∨집행, 사전∨계획, 경제∨상황, 경기∨활성화, 집행∨계획

문장의 각 단어는 띄어쓰기를 원칙으로 합니다.

② 관련 : ⇨ 관련

'관련' 다음 줄에 '가.', '나.' 순서대로 작성할 때는 '관련' 뒤에 쌍점(:)을 붙이지 않습니다.

③ 2022년도 지방교육재정 조기집행 사전계획 자료 제출 요청(ㅇㅇ과-1234, 2021.12.13.)

⇨ ㅇㅇ과-1234(2021.∨12.∨13.)∨"2022년도∨지방교육재정∨조기∨집행∨

　　사전∨계획∨자료∨제출∨요청"

행정안전부의 〈행정업무운영 편람〉에 관련되는 다른 공문서의 표시는 문서생산기관의 명칭, 생산등록번호, 생산날짜, 제목 순서대로 제시하고 있습니다.

④ 지방교육재정의 효율적인 운영을 통해

⇨ 지방교육재정을 효율적으로 운영해서/지방교육재정의 효율적인 운영으로

~통해(through)는 번역 투라는 의견이 있습니다. '~통해'보다는 '~해서', '~으로' 등으로 다듬어 씁니다. '지방교육재정'은 '운영' 또는 '운용' 모두 쓸 수 있습니다.

⑤ 시·도교육청 ⇨ 시도교육청

'시도'는 표준국어대사전에 한 단어로 등재되어 있으므로 가운뎃점(·)을 사용하지 않습니다.

⑥ 붙임이 하나일 경우 항목 기호를 부여하지 않습니다.

중앙부처 공문 바로잡기 - 사례 3

○○부

수신 수신자 참조

(경유)

1회용품/일회용품

제목 공공부문 **1회용품** 줄이기 실천지침 준수 협조요청 ❶ ❷

··

1. 귀 기관의 무궁한 발전을 기원합니다.

❸ 재발 방지

2. 지난 8월 수도권 일부지역에서 발생한 폐비닐 수거거부 등 문제의 **재발장지**를 위하여 제4
5. 10.
차 국정현안점검조정회의**(5. 10일)**에서 폐기물을 감량하고 재활용을 촉진하기 위한 '재활용
❹ ❺
❿ 폐기물 관리 종합대책'을 발표**(관계부터 합동)**하였습니다.
관계 부처

이
❻
3. 동 대책에 따라 사회 전반에 걸친 생활문화 개선을 촉진하기 위해 공공부문이 선도적으로
1회용품을 줄이기 위한 실천지침을 붙임과 같이 알려드리니, 각 기관은 자체 세부 실행계
❼
획을 수립하고 **2022년 7월 1일**부터 차질 없이 시행하여 친환경적인 생활문화가 정착될 수
2022. 7. 1.
있도록 적극적인 협조를 부탁드립니다.

관계 기관   알려
❽   ❾
4. 또한, 각 교육지원청, 각급 학교, 소속기관 및 **관계 유관기관**에도 관련 내용을 **공지하여** 주시기
바랍니다. 끝.

① 1회용품 ⇨ 1회용품/일회용품

'일회용품'을 아라비아 숫자와 어울려 표기하여 '1회용품'으로 적을 수 있습니다. 표준국어대사전은 '일회-용품(一回用品)'을 '한 번만 쓰고 버리도록 되어 있는 물건'으로 안내하고 있습니다.

② 실천지침, 협조요청, 일부지역, 수거거부, 재발방지, 관계부처
⇨ 실천∨지침, 협조∨요청, 일부∨지역, 수거∨거부, 재발∨방지, 관계∨부처
각 단어는 띄어쓰기를 원칙으로 합니다.

③ 재발장지 ⇨ 재발∨방지

④ 5. 10일 ⇨ 5. 10.
'연, 월, 일'을 마침표로 대신하려면 표기 방식을 통일합니다.

⑤ 관계부터∨합동 ⇨ 관계∨부처∨합동

⑥ 동 ⇨ 이
'동'이라는 한자어 대신 순우리말 '이'를 쓰면 이해하기 더 쉽습니다.

⑦ **2022년 7월 1일 ⇨ 2022.∨7.∨1.**

날짜는 숫자로 표기하되 '연, 월, 일'의 글자는 생략하고 그 자리에 마침표를 찍어 표기합니다. '월, 일'은 '0'을 표기하지 않습니다.

⑧ **관계 유관기관 ⇨ 관계∨기관**

'유관기관'은 '관계∨기관'으로 다듬어 씁니다.

⑨ **공지하여 ⇨ 알려**

'공지하다'는 '널리 알리다'로, '공지 사항'은 '알리는 말씀'으로 다듬어 씁니다.

⑩ **재활용^폐기물^관리^종합^대책, 공공^부문, 실행^계획**

띄어쓰기가 원칙이되 붙여쓰기를 허용합니다.

○○교육청

수신 수신자 참조

(경유)

제목 **①** 2022년 **⑩** **②**
제목 2022. ○○ 다시보기 UCC공모전 연장 운영 안내

1. 관련: 총무과-1234(2022.05.16.) **③** 2022. 5. 16.

2. 2022. ○○ 다시보기 UCC 공모전 응모기간을 다음과 같이 연장하여 운영하니, 방학을 이용하여 많은 학생이 참여할 수 있도록 적극 안내하여 주시기 바랍니다. **④** 적극적으로

　가. 행사 개요

　　1) 공모주제 **⑤** : 자랑하고 소개하고 싶은 우리만의 특별한 이야기

　　2) 공모기간 **⑥** : ~2022년 8월 20일(토) 공모 기한: 2022. 8. 20.(토)

　　3) 공모대상 : ○○교육청 소속 초·중·고 학생

　　4) 유의사항 등 세부사항: <붙임1> 참조 **⑦** [붙임 1] 참고

　　5) 제출 사항 및 방법

　　　가) 응모 신청서: K-에듀파인으로 제출 **⑧** 붙임표(-)로 바꾸기

　　　나) 응모 영상: ○○교육청 누리집/미디어센터/UCC공모전/다시보기/동영상 부문

　　6) 결과발표 : 2022년 9월 8일(목), 공문 및 ○○교육청 홈페이지 **⑨** 누리집 2022. 9. 8.(목)

　나. 문의처: ○○교육청 총무과 업무담당자

① 2022. ⇨ 2022년

'연, 월, 일'을 단독으로 쓰고자 할 때는 글자 대신 마침표를 쓸 수 없습니다.

② UCC공모전, 응모기간, 공모주제, 공모기간, 공모대상, 유의사항, 세부사항, 결과발표, 업무담당자 ⇨ UCC∨공모전, 응모∨기간, 공모∨주제, 공모∨기간, 공모∨대상, 유의∨사항, 세부∨사항, 결과∨발표, 업무∨담당자

문장의 각 단어는 띄어쓰기를 원칙으로 합니다.

③ 2022.05.16. ⇨ 2022.∨5.∨16. / 2022년 9월 8일(목) ⇨ 2022.∨9.∨8.(목)

날짜는 숫자로 표기하되 '연, 월, 일'의 글자는 생략하고 그 자리에 마침표를 찍어 표기합니다.

'월, 일'은 '0'을 표기하지 않고 날짜는 띄어 씁니다.

④ 적극 안내하여 ⇨ 적극적으로 안내하여

과도한 명사화 구성을 피하고 조사나 어미를 써서 의미를 명확히 표현합니다.

⑤ 공모주제∨: ⇨ 공모∨주제:

쌍점(:)이 설명의 기능으로 쓰일 때 앞으로 붙이고 뒤로는 띄어 씁니다.

무조건 통과하는 공문서 작성법

⑥ 공모기간 : ~2022년 8월 20일(토)

⇨ 공모∨기한:∨2022.∨8.∨20.(토) / 공모∨기한:∨2022.∨8.∨20.(토)까지

날짜는 숫자로 표기하되 '연, 월, 일'의 글자는 생략하고 그 자리에 마침표를 찍어 표기합니다.

물결표(~)는 '부터', '까지'라는 범위를 나타낼 때 씁니다.

'공모 기간'으로 쓰려면 시작하는 날짜를 같이 적습니다.

공모 기간: 2022. 8. 16.(화)~8. 20.(토)

⑦ <붙임1> 참조 ⇨ [붙임∨1]∨참고

공문에서 단지 업무에 도움이 될 만한 재료로 삼아서 보라는 뜻이라면 '붙임 참고'로 씁니다. 국립국어원의 〈표준어 규정 해설〉과 법제처의 〈알기 쉬운 법령 정비 기준〉에서는 '붙임'의 표기를 [붙임∨1], [붙임∨2] 등으로 제시하고 있습니다.

⑧ ○○교육청 누리집/미디어센터/UCC공모전/다시보기/동영상 부문

⇨ ○○교육청 누리집-미디어센터-UCC 공모전-다시보기-동영상 부문

빗금(/)은 대비되는 2개 이상의 어구를 묶어 나타낼 때 그 사이에 씁니다.

붙임표(-)는 차례대로 이어지는 내용을 하나로 묶어 열거할 때 각 어구 사이에 앞말과 뒷말에 붙여 씁니다. 예시는 동영상이 게시된 곳을 찾는 순서를 차례대로 안내하는 것으로 붙임표(-)로 작성해야 합니다.

⑨ 홈페이지 ⇨ 누리집

'홈페이지'는 '누리집'으로 다듬어 씁니다.

⑩ 다시^보기

띄어쓰기가 원칙이되 붙여쓰기를 허용합니다.

무조건 통과하는 공문서 작성법

○○교육청

수신 수신자 참조

(경유)

제목 [알림] 2022년 하반기 적극행정 우수공무원 선발 계획 알림 ❶ ❷ 안내

1. 관련

　가. 「지방공무원 적극행정 운영규정」 제8조 및 제9조

　나. 2022년 적극행정 실행 계획(감사관-1234, 2022. 4. 7.) ❸
　　나. 감사관-1234(2022. 4. 7.) "2022년 적극행정 실행 계획"

2. 2022년 하반기 적극행정 우수공무원 선발 계획을 붙임과 같이 알려드리니, 각 기관(부서)

　에서는 적극적으로 업무를 추진한 우수공무원을 기한 내 추천하여 주시기 바랍니다.

　가. 선발 대상 ❹ : ○○교육청 소속 공무원(교원, 교육전문직원, 일반직 공무원)

　나. 선발 인원 : 6명 이내(최우수1, 우수2, 장려3) ❺ (최우수 1명, 우수 2명, 장려 3명)
　　　　　　　　　　　　　　❼ 맞는

❻ ※ 적극행정에 부합하는 사례가 없을 경우 선발예정 인원에 상관없이 선발하지 않을 수 있음

　다. 실적 기간 : '22. 1. 1.~'22. 6. 30. ❽ 2022. 1. 1.~6. 30.
　　　　　　　　　　　　　　　　　　　　　　　　　　　　　　보다, 여기다
　라. 제출 기한 : 2022. 11. 11.(금)까지 ※ 기한엄수, 기한내 미제출 시 "해당없음" 간주 ❾
　　　　　　　　　　　　　　　　　　　　　　　　　날짜를 지켜주시기 바랍니다.
　마. 제출처 : 본청 감사관으로 공문으로 제출 ❿
　　　　　　　본청 감사관(공문 제출)

① 우수공무원, 선발예정 ⇨ 우수∨공무원, 선발∨예정

각 단어는 띄어쓰기를 원칙으로 합니다.

② [알림] … 알림 ⇨ [알림] … 안내

제목 앞에 대괄호의 단어와 같은 단어 사용을 피합니다.

※ 공문 제목 앞의 대괄호에 들어갈 '핵심 용어 표시'는 소속 기관에서 내부 지침으로 정하는 사항입니다.

③ 나. 2022년 적극행정 실행 계획(감사관-1234, 2022. 4. 7.)

⇨ 나.∨감사관-1234(2022.∨4.∨7.)∨"2022년∨적극행정∨실행∨계획"

행정안전부의 〈행정업무운영 편람〉에서는 관련되는 다른 공문서의 표시는 문서생산기관의 명칭, 생산등록번호, 생산날짜, 제목 순으로 제시하고 있습니다.

④ 선발 대상∨: ⇨ 선발 대상:

쌍점(:)이 설명의 기능으로 쓰일 때 앞으로 붙이고 뒤로는 띄어 씁니다.

⑤ 최우수1, 우수2, 장려3 ⇨ 최우수 1명, 우수 2명, 장려 3명

내용을 명확하고 이해하기 쉽게 작성합니다.

⑥ 나. 선발 인원 :   나. 선발 인원:

  ※ 적극 행정에   ⇨   ※ 적극행정에

참고표(※) 문장이 '나.' 항목에 포함되는 내용이라면, "항목이 두 줄 이상인 경우에 둘째 줄부터는 항목 내용의 첫 글자에 맞추어 정렬한다."는 원칙에 따라 참고표(※) 기호를 '선' 자에 맞추어 정렬합니다.

⑦ 부합하는 ⇨ 맞는

  '부합하다'는 '맞다', '들어맞다' 등으로 다듬어 씁니다.

⑧ '22.∨1.∨1.~∨'22.∨6.∨30. ⇨ '22.∨1.∨1.~'22.∨6.∨30. ⇨ 2022. 1. 1.~6. 30. 연도를 생략해서 쓸 때에는 닫는 작은따옴표를 사용하고 물결표(~)는 앞말과 뒷말에 붙여 씁니다.

'제출 기한: 2022. 11. 11.(금)까지'에서 연도 전체를 분명하게 밝혀 작성하였으므로 같은 방법으로 연도를 생략하지 않고 통일하여 작성합니다. 기간을 표시하면서 중복되는 부분을 생략하고 '월'이나 '일'만 나타낼 수 있습니다.

⑨ 기한엄수, 기한내 미제출 시 "해당없음" 간주

⇨ 날짜를 지켜주시기 바랍니다. 기한∨내 미제출∨시 해당∨없음으로 처리합니다.

'기한 엄수'와 같이 권위적인 표현은 피합니다. '해당', '없음'이 각 단어이므로, '해당∨없음'으로 떼어 씁니다. '간주하다'는 '보다, 여기다, 치다'로 다듬어 씁니다.

⑩ 본청 감사관으로 공문으로 제출 ⇨ 본청 감사관(공문 제출)

'으로'…'으로'의 반복된 표현을 피하고 간결하고 명확하게 작성합니다.

○○교육청

수신 수신자 참조

(경유)

제목 [제출] 2022년 상반기 교육전문직원 공동연수 계획 알림 ∨ ❶

1. 관련: 기획조정관-555(2022.01.24.) ❷ 2022. 1. 24.

2. 2022년 상반기 교육전문직원 공동연수를 다음과 같이 실시하니, 교육전문직원이 참석할

   수 있도록 협조하여 주시기 바랍니다.

   가. 행사명: 2022년 하반기 교육전문직원 공동연수 ∨

   나. 일시

   1) ∨ - 교육지원청: 2022. 3. 3.(목) 09:30~17:00

   2) ❸ - 직속기관 및 ❹ 본청 도교육청: 2022. 3. 4.(금) 09:30~17:00

   3) ∨ - 사전연수 기간: 2022. 2. 21.(월) ∨ ❺ ~ 3. 2.(수)

   다. 장소: ○○교육연수원 대강당

   라. 방법: 집합 연수 운영

   마. 세부일정: 붙임 ❻ 참조 참고

   바. 행정사항 ❼ 다음에

   ∨ - 세부 계획은 ❽ 추후 안내 예정이며, 참석자 명단은 2022. 2. 18.(금)까지 제출하여 주시기

   바랍니다.

붙임 2022년 상반기 교육전문직원 공동연수 계획 1부. 끝.

① 공동연수, 사전연수, 세부일정, 행정사항 ⇨ 공동∨연수, 사전∨연수, 세부∨일정,

　행정∨사항

문장의 각 단어는 띄어쓰기를 원칙으로 합니다.

② 2022.01.24. ⇨ 2022.∨1.∨24.

날짜는 숫자로 표기하되 '연, 월, 일'의 글자는 생략하고 그 자리에 마침표를 찍어

표기합니다.

'월, 일'은 '0'을 표기하지 않고, 날짜는 띄어 씁니다.

③ - 교육지원청, - 직속기관 및 도교육청, - 사전연수 기간 ⇨ 1) … 2) … 3) …

하나의 문서에서는 동일한 형식의 항목 기호를 사용하고, 기관을 나열할 때는 본청,

직속 기관, 교육지원청 순으로 작성하는 것을 권장합니다.

나. 일시
∨∨- 교육지원청: 2022. 3. 3.(목) 09:30~17:00
∨∨- 직속기관 및 도교육청: 2022. 3. 4.(금) 09:30~17:00
∨∨- 사전연수 기간: 2022. 2. 21.(월)∨~∨3. 2.(수)

⇨

나. 일시
∨∨1) 본청 및 직속∨기관: 2022. 3. 4.(금) 09:30~17:00
∨∨2) 교육지원청: 2022. 3. 3.(목) 09:30~17:00
∨∨3) 사전∨연수 기간: 2022. 2. 21.(월)~3. 2.(수)

④ 도교육청 ⇨ 본청

「지방교육행정기관의 행정기구와 정원기준 등에 관한 규정」 제2조제3호에 "본청

이란 시도교육청의 기관 중 직속 기관 등을 제외하고 교육감을 직접 보조하는 기관

을 말한다."라고 되어 있습니다. 따라서 '도교육청'보다는 관련 규정에서 정의한 정식 기관 용어인 '본청'을 사용합니다.

직속기관은 우리말샘에 '직속∨기관'으로 띄어 쓴다고 되어 있습니다. '직속 기관'을 전문용어로 보고 붙여 쓸 수 있겠으나 사전에 실려 있는 것과 같이 '직속 기관'으로 띄어 쓰는 것이 올바른 표기입니다.

⑤ 2022. 2. 21.(월)∨~∨3. 2.(수) ⇨ 2022. 2. 21.(월)~3. 2.(수)

기간이나 거리 또는 범위를 나타낼 때는 물결표(~)를 쓰는 것이 원칙이고, 붙임표(‐)를 쓰는 것도 허용됩니다. 이때 물결표(~)나 붙임표(‐)는 앞말과 뒷말에 붙여 씁니다.

⑥ 붙임∨참조 ⇨ 붙임∨참고

여기서 '붙임'은 '참조'가 아니라 '참고'라고 써야 합니다. '참고'는 우리가 붙임으로 첨부해서 붙여놓고 이것을 재료로 삼아서 보라는 뜻입니다.

⑦ ‐ 세부 계획은 … ⇨ ∨∨세부 계획은 …

둘째 항목이 하나만 있는 경우 2타 띄우고 바로 시작합니다.

⑧ 추후 ⇨ 다음에

'추후'는 '나중', '다음', '뒤', '이다음'으로 다듬어 씁니다.

7 대학교 공문 바로잡기 – 사례 1

○○대학교

수신 수신자 참조

(경유)

제목 2022년 신규직원 직무역량 강화 과정 운영 안내 ❶

---

1. 관련: 총무과–6189(2022. 6. 19.)

2. 우리 대학의 신규 및 전입 직원을 대상으로 「2022년 신규직원 직무역량 강화 과정」을 아래

　와 같이 운영하오니 각 부서에서는 교육 담당자가 참여할 수 있도록 적극 협조하여 주시기 ❷

　바랍니다.　　　　　　　　　　　　　　　　　　　　　적극적으로

　가. 교육일자: '22. 4. 27.(수) ~ 4. 28.(목) / 2일 과정 ❸ 2022. 4. 27.(수)~4. 28.(목), 2일 과정

　나. 참석대상: '21. 3월 이후 신규 및 전입 직원 27명, 멘토 10명 ※ [붙임] 대상자 명단 ❹

　다. 주요일정: 공문서 작성법 외 7개 과정 운영　2021. 3. 이후 신규 및 전입 직원 27명, 지도자 10명 ※ 붙임 참고

　라. 행정사항

　　　　　　　　붙임 서식을 작성하여　❻ 모으다　　　　　❼ 2022. 4. 25.(월)까지

　1)　– 참석여부 조사 서식[붙임]을 취합하여 코러스 업무메일로 제출 ~'22. 4. 25.(월)

　　❺　❽

　2)　– 타 캠퍼스로 이동하는 참석자는 교육 참석일별 '관외출장(교육연수)' 신청

　　　다른

붙임 교육 대상자 및 참석여부 조사 서식 1부. 끝.

　　　　　　　　　　　　　　　　　　　　무조건 통과하는 공문서 작성법

① 신규직원, 직무역량, 교육일자, 참석대상, 주요일정, 행정사항, 참석여부, 업무메일, 참석일별, 관외출장 ⇨ 신규ⅤⅠ직원, 직무Ⅴ역량, 교육Ⅴ일자, 참석Ⅴ대상, 주요Ⅴ일정, 행정Ⅴ사항, 참석Ⅴ여부, 업무Ⅴ메일, 참석Ⅴ일별, 관외Ⅴ출장

문장의 각 단어는 띄어쓰기를 원칙으로 합니다.

② 적극 ⇨ 적극적으로

과도한 명사화 구성을 피하고 조사나 어미를 써서 의미를 명확히 표현합니다.

③ '22. 4. 27.(수)Ⅴ~Ⅴ4. 28.(목) / 2일 과정

⇨ 2022. 4. 27.(수)~4. 28.(목), 2일 과정/2022. 4. 27.(수)~4. 28.(목)(2일 과정)

연도를 생략해서 쓸 때는 닫는 작은따옴표를 사용하기도 하지만, 되도록 연도 전체를 분명하게 밝혀 쓰는 것이 좋습니다. 물결표(~)는 앞말과 뒷말에 붙여 씁니다. 또한 빗금(/)은 대비되는 2개 이상의 어구를 묶어 나타낼 때 그 사이에 쓰는 문장부호이므로 위와 같은 내용은 같은 자격의 어구를 열거할 때 쓰는 쉼표(,) 또는 보충적인 내용을 덧붙일 때 쓰는 소괄호를 사용합니다.

④ '21. 3월 이후 신규 및 전입 직원 27명, 멘토 10명 ※ [붙임] 대상자 명단

⇨ 2021. 3. 이후 신규 및 전입 직원 27명, 지도자 10명 ※ 붙임 참고

'연, 월, 일'을 마침표로 대신해 표현하려면 표기 방식을 통일합니다. '멘토'는 '지도자', '담당 지도자'로 다듬어 씁니다.

⑤ 항목 기호는 상위 항목부터 하위 항목까지 1., 가., 1), 가), ⑴, ㈎, ①, ㉮의 형태로 통일해서 표기합니다. 여기서 '-'보다는 '1)', '2)'를 사용합니다.

⑥ 참석여부 조사 서식[붙임]을 취합하여 ⇨ 참석∨여부 붙임 서식을 작성하여

'취합하다'는 '모으다'로 다듬어 씁니다. 여기서는 '작성하여'로만 써도 의미를 충분히 전달할 수 있습니다.

⑦ 업무메일로 제출:∨~'22. 4. 25.(월) ⇨ 업무∨메일로 제출: 2022. 4. 25.(월)까지

물결표(~)는 '부터', '까지'라는 범위를 나타낼 때 씁니다. 위에서는 제출 마감 날짜만 있으므로 물결표(~)보다는 '까지'를 쓰는 것이 적절해 보입니다.

연도를 생략해서 쓸 때는 닫는 작은따옴표를 활용하기도 하지만 되도록 연도 전체를 분명하게 밝혀 쓰는 것이 좋습니다.

⑧ 타 ⇨ 다른

'타(他)'는 '다른'의 뜻을 나타내는 한자어입니다. 한자어보다 쉬운 우리말을 씁니다.

8 대학교 공문 바로잡기 - 사례 2

○○대학교

수신 수신자 참조

(경유)

제목 행정조직 개편(안) 마련을 위한 TFT(특별팀) 변경 임명 및 제3차 회의 안내 ❶

....

1. 관련: 운영지원과-123(2022.07.07.) 2022. 7. 7. ❷

2. 2022. 7. 1.자 ❸ ❹ 인사발령에 따라 행정조직 개편(안) 마련을 위한 TFT 위원을 추가 임명하고

   제3차 회의를 다음과 같이 개최하고자하오니 ❺, 해당 위원이 회의에 참석할 수 있도록 안내하

   여 주시기 바랍니다. 개최하오니/개최하니

   가. 행정조직 개편(안) 마련을 위한 TFT 위원 추가 임명 내역 ❿: 붙임 ❻ 참조 ❼
      내용   참고

   나. 제3차 회의 개최

   1) - 회의일시: 2022. 7.13.(수) 16:00~ ❾

   2) - 회의장소: 제1회의실(대학본부 1층)

   3) ❽ - 참석대상: 행정조직 개편(안) 마련을 위한 TFT

   4) - 안   건: 체계적인 성과관리를 위한 행정조직 개편 초안 검토

   5) - 협조사항: 회의 참석 안내 및 참석여부 운영지원과로 사전통보 ❾ 사전에 알려주시기 바랍니다.

붙임 행정조직 개편(안) 마련을 위한 TFT 명단 1부. 끝.

① TFT ⇨ **특별팀**

'태스크 포스', '태스크 포스팀', 'TF', 'TF팀', 'tf'는 '특별팀', '전담팀', '전담 조직', '특별 전담 조직'으로 다듬어 씁니다.

② 2022.07.07. ⇨ **2022.∨7.∨7.**

날짜는 숫자로 표기하되 '연, 월, 일'의 글자는 생략하고 그 자리에 마침표를 찍어 표기합니다.

'월, 일'은 '0'을 표기하지 않고, 날짜는 띄어 씁니다.

③ 2022. 7. 1.자 ⇨ **2022. 7. 1.∨자**

'자(字)'는 '날짜'를 뜻하는 명사이므로 앞말과 띄어 씁니다.

④ **인사발령, 회의일시, 회의장소, 참석대상, 협조사항, 참석여부, 사전통보**

⇨ **인사∨발령, 회의∨일시, 회의∨장소, 참석∨대상, 협조∨사항, 참석∨여부, 사전∨통보**

⑤ **개최하고자하오니 ⇨ 개최하오니/개최하니**

일반적으로 내부결재 문서의 경우 '~하고자 하오니/하니' 등으로 작성합니다. 이 문서는 발송하는 문서(수신자 참조)로 '개최하오니/개최하니'로 씁니다.

⑥ 내역 ⇨ 내용

'내역(內譯)'은 '물품이나 금액의 내용'을 뜻하는 말로 '내용'으로 다듬어 씁니다.

⑦ 붙임 참조 ⇨ 붙임 참고

여기서 '붙임'은 '참조'가 아니라 '참고'를 써야 합니다. '참고'는 우리가 붙임으로 첨부해서 붙여놓고 이것을 재료로 삼아서 보라는 뜻입니다.

⑧ 하나의 문서에서는 동일한 형식의 항목 기호 사용을 권장합니다.

1. → 가. → 1) → 가) → (1) → (가) → ① → ㉮

⑨ 사전통보 ⇨ 사전에 알려주시기 바랍니다./미리 알려주시기 바랍니다.

'사전'은 '일이 일어나기 전 또는 일을 시작하기 전'을 의미합니다. '통보'는 고압적이거나 권위적인 표현이므로 '알리다'로 순화하여 씁니다.

따라서 '사전 통보'는 '사전에 알려주시기 바랍니다', 또는 '미리 알려주시기 바랍니다'로 다듬어 쓸 수 있습니다.

⑩ 행정^조직, 성과^관리

띄어쓰기가 원칙이되 붙여쓰기를 허용합니다.

○○대학교

수신 수신자 참조

(경유)

제목 2022학년도 후기 ○○대학교 교육대학원 신입생 모집 홍보 협조 요청

1. 귀 기관의 무궁한 발전을 기원합니다.

2. 2022학년도 후기 ○○대학교 교육대학원 신입생 모집 계획을 아래와 같이 알려드리니, 소속 직원 및 교원들이 많이 지원할 수 있도록 홍보하여 주시기 바랍니다.

　　가. 원서접수 : 2022. 6. 9(목)~6. 15(수) 18:00까지 **①**

　　나. 모집인원 : 총60명(교원양성과정: 26명, 재교육과정: 34명) **②**

　　다. 기타 세부사항 : 붙임 "신입생 모집요강" 참조 **③** 　다. 세부 사항: 붙임 참고

3. 아울러 붙임 "신입생 모집요강"을 관내 교육청 및 학교에 배부하여 주시기 바랍니다. **④**
　　　　　　　붙임 자료를

붙임 : 2022학년도 후기 ○○대학교 교육대학원 신입생 모집 요강 1부. 끝. **⑤**

① 가. 원서접수 :2022. 6. 9(목)~6. 15(수) 18:00까지

⇨ 가. 원서∨접수:∨2022.∨6.∨9.(목)∨09:00~6.∨15.(수)∨18:00

물결표(~)는 '부터', '까지'라는 범위를 나타낼 때 씁니다. 물결표(~)는 '까지'라는 의미를 포함하고 있으므로 뒤에 '까지'를 중복으로 쓰지 않습니다.

예시에서는 원서 접수를 시작하는 시간이 생략되어 있으므로 시작하는 시간을 분명하게 작성합니다.

② 나. 모집인원 :총60명 ⇨ 나. 모집∨인원:∨총∨60명

쌍점(:)이 설명의 기능으로 쓰일 때 앞으로 붙이고 뒤로는 띄어 씁니다. '총'은 '모두 합하여 몇임'을 나타내는 관형사이므로 뒷말과 띄어 씁니다.

③ 기타 세부사항 : 붙임"신입생 모집요강"참조 ⇨ 세부∨사항: 붙임∨참고

'세부 사항: 붙임 참고'처럼 간결하고 명확하게 표기합니다. 여기서 '붙임'은 '참조'가 아니라 '참고'라고 써야 합니다. '참고'는 우리가 붙임으로 첨부해서 붙여놓았으니 이것을 재료로 삼아서 보라는 뜻입니다.

④ 붙임 "신입생 모집요강"을 ⇨ 붙임 자료를

간결하게 작성합니다.

⑤ 붙임 : 2022학년도…1부.∨끝. ⇨ 붙임∨∨2022학년도…1부.∨∨끝.

'붙임'을 '붙∨임' 등으로 띄어 쓰거나 붙임 뒤에 쌍점(:)을 찍지 않습니다.

본문 내용의 마지막 글자에서 한 글자(2타) 띄우고 '끝' 표시를 합니다.

○○○연구원

수신 수신자 참조

(경유)

제목 ○○공단 소속 임직원 외부강의 등 현황자료 제출 요청 ❶ ❾

1. 근거: ○○공단 감사실-123(2022.01.12.) 2022. 1. 12. ❷ 관련 ❸

2. 위와 관련하여 ○○공단 소속 임직원이 우리 연구원에서 주최한 외부강의 등의 활동 수행 ❹ 위 호와
   사항이 있는 부서에서는 [붙임] 양식을 작성하시어 2022. 1. 19.(수)까지 공문으로 회신하여 ❺ 붙임 서식/붙임 양식
   주시기 바랍니다.

   가. 대상기간: 2021. 7. 1. ~ 2021. 12. 31. 2021. 7. 1.~12. 31. ❻

   나. 요청자료: ○○공단 소속 임직원 외부강의 등 실시 및 대가 지급 내역 ❼ 내용

(붙임) 2021년 상반기 외부강의 등 대외활동 실태 조사표(서식) 1부. 끝. ❽ 붙임

① 외부강의, 대상기간, 요청자료, 대외활동

⇨ 외부∨강의, 대상∨기간, 요청∨자료, 대외∨활동

문장의 각 단어는 띄어쓰기를 원칙으로 합니다.

② 근거 ⇨ 관련

'관련∨근거'로 작성할 수도 있으나 간단하게 '관련'으로 작성합니다.

③ 2022.01.12. ⇨ 2022.∨1.∨12.

날짜는 숫자로 표기하되 '연, 월, 일'의 글자는 생략하고 그 자리에 마침표를 찍어

표기합니다.

'월, 일'은 '0'을 표기하지 않고, 날짜는 띄어 씁니다.

④ 위와 관련하여 ⇨ 위∨호와∨관련하여/위∨호에 따라

공문에서 쓰는 '위[上]'는 뒷말과 띄어 씁니다.

⑤ [붙임] 양식 ⇨ 붙임 양식/붙임 서식

'붙임 양식', '붙임 서식' 둘 다 사용할 수 있습니다.

양식: 일정한 모양이나 형식

㉠ 서류를 양식에 맞게 꾸며라. 주어진 양식에 따라 보고서를 제출하시오.

서식: 증서, 원서, 신고서 따위와 같은 서류를 꾸미는 일정한 방식

㉕ 공문 서식, 서식에 맞추어 원서를 내다.

⑥ 2021. 7. 1.∨~∨2021. 12. 31. ⇨ 2021. 7. 1.~12. 31.

기간이나 거리 또는 범위를 나타낼 때는 물결표(~)를 쓰는 것이 원칙이고, 붙임표(-)를 쓰는 것도 허용됩니다. 이때 물결표(~)나 붙임표(-)는 앞말과 뒷말에 붙여 씁니다. 기간을 표시하면서 중복되는 부분을 생략하고 쓸 수 있습니다.

⑦ 내역 ⇨ 내용

'내역(內譯)'은 '물품이나 금액 따위의 내용'을 뜻하는 말로 '내용'으로 다듬어 씁니다.

⑧ (붙임) ⇨ 붙임

'붙임'을 '(붙임)', '붙∨임' 등으로 쓰거나 붙임 뒤에 쌍점(:)을 찍지 않습니다.

⑨ 현황^자료

띄어쓰기가 원칙이되 붙여쓰기를 허용합니다.

공공기관 공문 바로잡기 - 사례 2

○○재단

수신 수신자 참조

(경유)

제목 ○○재단 ○○프로그램 찾아가는 상담 진행장소 협조요청 **❶**

1. 귀 기관의 무궁한 발전을 기원합니다.

2. 우리 재단에서는 일상생활에서 발생하는 스트레스 및 업무 저해요인 해결 지원을 위해 ○○ 프로그램 찾아가는 심리상담 진행을 추진하고 있습니다.

3. 상담 진행을 위해 다음과 같이 진행장소 협조를 요청하오니 적극 협조하여 주시기 바랍 **❷** 적극적으로 니다.

빈 줄 삭제

1. 운영개요 **❸**

    가. 운 영 명 : 2022년 ○○프로그램 찾아가는 심리상담 **❹ ❺**

    나. 운영기간 : 2022. 11. 11.(금), 09:00~18:00 **❻** 2022. 11. 11.(금) 09:00~18:00

    다. 운영장소 : 본관 1층 사무실

    라. 운영대상 : ○○재단 직원

    마. 운영내용 : 상담전문가 1인과 상담 진행. 끝.

① 진행장소, 협조요청, 저해요인, 운영개요, 운영기간, 운영장소, 운영대상, 운영내용

⇨ 진행∨장소, 협조∨요청, 저해∨요인, 운영∨개요, 운영∨기간, 운영∨장소, 운영
∨대상, 운영∨내용

문장의 각 단어는 띄어쓰기를 원칙으로 합니다.

② 적극 협조하여 ⇨ 적극적으로 협조하여

과도한 명사화 구성을 피하고 조사나 어미를 써서 의미를 명확히 표현합니다.

③ 1. 운영개요 ⇨ 삭제, 빈 줄 삭제

항목은 '1., 가., 1), 가), (1), (가), ①, ㉮' 순으로 표기합니다. 위에서 이미 '1., 2., 3.'
항목으로 작성하였으므로 '1. 운영개요'는 잘못된 항목 표기이며 내용상 불필요하므
로 삭제하고 빈 줄 없이 '가. 운영명'부터 '3.' 항목 다음 줄에 바로 작성합니다.

<수정 후>

---

3. 상담 진행을 위해 다음과 같이 진행 장소 협조를 요청하오니 적극적으로 협조하여 주시기
바랍니다.

　가. 운영명: 2022년 ○○프로그램 찾아가는 심리상담

　나. 운영 기간: 2022. 11. 11.(금) 09:00~18:00

　다. 운영 장소: 본관 1층 사무실

　라. 운영 대상: ○○재단 직원

　마. 운영 내용: 상담 전문가 1인과 상담 진행. 끝.

---

④ ⑤ 운∨영∨명∨: ⇨ 운영명:

일부 명사 뒤에 붙어 그 명사의 '이름'의 뜻을 나타내는 말인 '명'은 앞말에 붙여 씁니다. 배분 정렬하지 않고 왼쪽 정렬하여 씁니다. 쌍점(:)이 설명의 기능으로 쓰일 때 앞으로 붙이고 뒤로는 띄어 씁니다.

⑥ 2022. 11. 11.(금), 09:00∨~∨18:00 ⇨ 2022. 11. 11.(금) 09:00~18:00

날짜와 시간을 함께 표기할 때 쉼표를 적지 않습니다. 물결표(~)는 앞말과 뒷말에 붙여 씁니다.

⑦ 심리^상담

띄어쓰기가 원칙이되 붙여쓰기를 허용합니다.

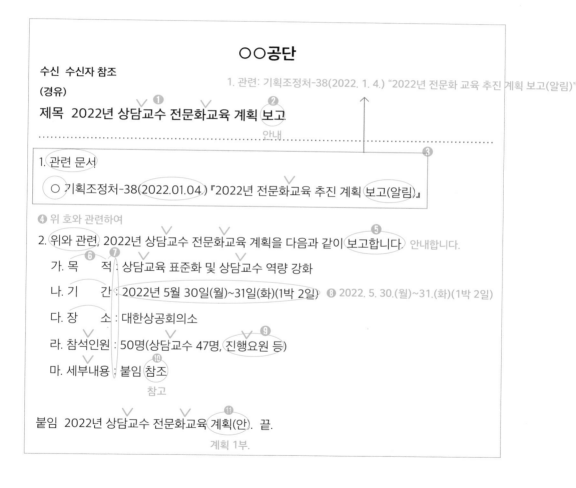

○○공단

수신 수신자 참조

(경유)

제목 2022년 상담교수 전문화교육 계획 ❶보고

안내

1. 관련: 기획조정처-38(2022. 1. 4.) "2022년 전문화 교육 추진 계획 보고(알림)"

1. 관련 문서

  ○ 기획조정처-38(2022.01.04.) 『2022년 전문화교육 추진 계획 ❸보고(알림)』

❹ 위 호와 관련하여

2. 위와 관련, 2022년 상담교수 전문화교육 계획을 다음과 같이 ❺보고합니다. 안내합니다.

  가. 목   ❼적 : 상담교육 표준화 및 상담교수 역량 강화

  나. 기   간 : 2022년 5월 30일(월)~31일(화)(1박 2일) ❽ 2022. 5. 30.(월)~31.(화)(1박 2일)

  다. 장   소 : 대한상공회의소

  라. 참석인원 : 50명(상담교수 47명, ❾진행요원 등)

  마. 세부내용 : 붙임 ❿참조

참고

붙임 2022년 상담교수 전문화교육 ⓫계획(안). 끝.

계획 1부.

① 상담교수, 전문화교육, 상담교육, 참석인원, 진행요원, 세부내용

⇨ 상담∨교수, 전문화∨교육, 상담∨교육, 참석∨인원, 진행∨요원, 세부∨내용

문장의 각 단어는 띄어쓰기를 원칙으로 합니다.

② 보고 ⇨ 안내

발송하는 문서이므로 '보고'보다 '안내'가 적절해 보입니다.

③ 1. 관련 문서

○ 기획조정처-38(2022.01.04.) 『2022년 전문화교육 추진 계획 보고(알림)』

⇨ 1. 관련:∨기획조정처-38(2022.∨1.∨4.)∨"2022년∨전문화∨교육∨추진∨계획

∨보고(알림)"

'관련'을 '관련∨근거'로 작성할 수도 있으나 간단하게 '관련'으로 작성합니다. 날짜는 숫자로 표기하되 '연, 월, 일'의 글자는 생략하고 그 자리에 마침표를 찍어 표기합니다. '월, 일'은 '0'을 표기하지 않고, 날짜는 띄어 씁니다. 행정안전부의 〈행정업무운영 편람〉에 관련되는 다른 공문서의 제목 표시는 큰따옴표(" ")로 안내하고 있습니다.

④ 위와 관련, ⇨ 위∨호와 관련하여/위∨호에 따라

공문에서 쓰는 '위[上]'는 뒷말과 띄어 씁니다.

⑤ 보고합니다 ⇨ 안내합니다, 안내하오니 업무에 참고하시기 바랍니다

발송하여 안내하는 문서이므로 '보고합니다'보다 '안내합니다' 또는 '안내하오니 업무에 참고하시기 바랍니다'로 작성합니다.

⑥ '목적', '기간', '장소'는 쌍점(:)에 맞춰서 배분 정렬하지 않고 왼쪽 정렬합니다.

⑦ 쌍점(:)이 설명의 기능으로 쓰일 때 앞으로 붙이고 뒤로는 띄어 씁니다.

⑧ 2022년 5월 30일(월)~31일(화)(1박 2일) ⇨ 2022. 5. 30.(월)~31.(화)(1박 2일)
2022. 5. 30.(월)~31.(화)(1박 2일)/2022. 5. 30.(월)~31.(화), 1박 2일

소괄호(())는 주석이나 보충적인 내용을 덧붙일 때 쓰고, 쉼표(,)는 같은 자격의 어구를 열거할 때 그 사이에 쓰므로 위와 같이 2가지 방법으로 표현할 수 있습니다.

날짜는 숫자로 표기하되 '연, 월, 일'의 글자는 생략하고 그 자리에 마침표를 찍어 표기합니다.

물결표(~)는 앞말과 뒷말에 붙여 씁니다.

⑨ 50명(상담교수 47명, 진행요원 등) ⇨ 50명(상담 교수 47명, 진행 요원 등 3명)
명확하고 이해하기 쉽게 작성합니다.

⑩ 붙임 참조 ⇨ 붙임 참고
여기서 '붙임'은 '참조'가 아니라 '참고'라고 써야 합니다. '참고'는 우리가 붙임으로

첨부해서 붙여놓았으니 이것을 재료로 삼아서 보라는 뜻입니다.

⑪ **계획(안).** ⇨ **계획 1부.**

'계획(안)'은 '안(案)'이 곧 계획이므로, '계획'만 써도 표현하고자 하는 바를 나타낼 수 있습니다. '1부'는 신문이나 책을 세는 단위로 '계획∨1부.'가 올바른 표기입니다.

13 공문서 작성법 지침서 예시문 바로잡기 – 사례 1

○○부

수신 수신자 참조

(경유)

제목 공문서 작성 시 쉽고 바른 **우리 말(❶)** 활용 안내

우리말

....

1. 관련**(❷)** :「행정 효율과 협업 촉진에 관한 규정」제7조(문서 작성의 일반원칙)

2. 행정기관은 공문서 작성 등 업무수행**(❽)(❸)** 과정에서 쉽고 바른 우리말과 글을 활용하여 국민과의 의사소통을 원활히 하도록 하여야 합니다. 각 기관에서는 관련 표현을 업무에 적극적으로 활용하여 주시고, 소속 기관 등에도 널리 알려주시기 바랍니다.

3. **(❹)** 우리 부에서는 574돌 한글날을 맞아 문화체육관광부와 합동으로 공문서 작성 시 무심코 사용되는 외국어·외래어 표현을 붙임과 같이 선정하였습니다. 각 기관에서는 업무 수행 과정에서 적극적으로 참고하여 주시고, 관할 소속기관 등에도 전파하여 협조해주시기 바랍니다. **(❺)**

Shift+Tab

붙임. **(❻)** 공문서 작성 시 무심코 사용되는 외국어·외래어 표현 30선**(❼)**. 끝.

한 타만 띄움   표현 1부.

① 우리∨말 ⇨ 우리말

'우리나라', '우리말', '우리글'은 붙여 씁니다.

② 1. 관련∨: ⇨ 1. 관련:

쌍점(:)이 설명의 기능으로 쓰일 때 앞으로 붙이고 뒤로는 띄어 씁니다.

③ 업무수행, 소속기관 ⇨ 업무∨수행, 소속∨기관

각 단어는 띄어쓰기를 원칙으로 합니다.

④ '2.' 항목에서 항목이 두 줄 이상인 경우 둘째 줄부터는 항목 내용의 첫 글자에 맞춰 정렬(Shift+Tab)하였으므로 '3.'항목에서 동일하게 정렬합니다.

(하나의 문서에서는 같은 형식으로 정렬한다는 원칙에 따라 같은 규정을 적용하여 정렬합니다.)

⑤ 각 기관에서는 업무 수행 과정에서 적극적으로 참고하여 주시고, 관할 소속기관 등에도 전파하여 협조해주시기 바랍니다.

⇨ 각 기관에서는 관련 표현을 업무에 적극적으로 활용하여 주시고, 소속 기관 등에도 널리 알려주시기 바랍니다.

문서의 내용은 간결하고 명확하게 표현하고 이해하기 쉽게 작성해야 합니다.

⑥ 붙임.∨공문서 작성 시… ⇨ 붙임∨∨공문서 작성 시…

'붙임'을 '붙∨임' 등으로 띄어 쓰거나 붙임 뒤에 마침표(.) 또는 쌍점(:)을 찍지 않습니다.

⑦ 표현 30선. ⇨ 표현∨1부.

1부는 신문이나 책을 세는 단위로 위의 30선을 하나의 묶음으로 본다면 '1부'가 올바른 표기입니다.

⑧ 행정^기관

띄어쓰기가 원칙이되 붙여쓰기를 허용합니다.

○○부

수신 수신자 참조

(경유)

제목 ❶ 회의장소 사용 및 통신장비 설치 협조

「행정업무의 운영 및 혁신에 관한 규정」 개정내용 설명회 개최에 따라 회의장소 사용 및 통신장비 설치 등의 협조를 요청하오니 조치하여 주시기 바랍니다.

1. 설명회 개요

　　가. 일시: 2020. 11. 27.(금) 11:00~18:00

　　나. 장소: 별관 8층 대회의실

　　다. ❷ 참석: 30명
　　　　참석 인원

2. 협조요청 사항

　　가. 참석자용 책상 30개 및 의자 40개 배치

　　나. 강의 시설(마이크, 빔 프로젝트, 스크린 등) 설치

붙임 「행정업무의 운영 및 혁신에 관한 규정」 개정내용 설명회 개최 ❸ 계획. 1부. 끝.
　　　　　　　　　　　　　　　　　　　　　　　　　계획 1부.

① 회의장소, 통신장비, 개정내용, 협조요청

⇨ 회의∨장소, 통신∨장비, 개정∨내용, 협조∨요청

각 단어는 띄어쓰기를 원칙으로 합니다.

② 참석: 30명 ⇨ 참석∨인원: 30명

명확하게 표현하고 이해하기 쉽게 작성해야 합니다.

③ 계획.∨1부. ⇨ 계획∨1부.

'1부' 앞에 마침표를 찍지 않습니다.

○○부

수신 ○○○과장

(경유)

제목 장관직인 인영사용 승인 신청 ❶

「행정업무의 운영 및 혁신에 관한 규정 시행규칙」 제11조제5항에 따라 장관직인 인영사용 승인

을 다음과 같이 신청하오니 승인하여 주시기 바랍니다.

1. 사용목적: 2022년 반상회 및 여론 업무 유공자 장관 표창장 제작

2. 사용부서: 지방행정국 ○○과

3. 사용업체: ○○사(대표: 홍길동)

4. 사용수량: 163매 ❷ 장

5. 사용예정기간: 2022. 1. 5. ~ 1. 31. ❸ 2022. 1. 5.~1. 31.

6. 반납예정일: 2022. 2. 1.

붙임   1. 장관직인 인용사용승인 신청서(별송) 1부 ❹ 신청서 1부(별도 송부).

        2. 각서 2부(별송) ❺ 각서 2부(별도 송부).

        3. 사업자등록증 사본 1부(별송). 끝. ❻ 사본 1부(별도 송부). 끝.
        ❼

① 장관직인, 인영사용, 사용목적, 사용부서, 사용업체, 사용수량, 사용예정기간, 반납 예정일 ⇨ 장관∨직인, 인영∨사용, 사용∨목적, 사용∨부서, 사용∨업체, 사용∨ 수량, 사용∨예정∨기간, 반납∨예정일

각 단어는 띄어쓰기를 원칙으로 합니다.

② 163매 ⇨ 163장

'매(枚)'는 종이나 널빤지를 세는 단위로 '장'으로 다듬어 씁니다.

③ 2022. 1. 5.∨~∨1. 31. ⇨ 2022. 1. 5.~1. 31.

기간이나 거리 또는 범위를 나타낼 때는 물결표(~)를 쓰는 것이 원칙이고, 붙임표(-)를 쓰는 것도 허용됩니다. 이때 물결표(~)나 붙임표(-)는 앞말과 뒷말에 붙여 씁니다.

④ 신청서(별송) 1부. ⇨ 신청서∨1부(별도∨송부).

⑤ 각서 2부(별송). ⇨ 각서 2부(별도∨송부).

⑥ 사본 1부(별송). 끝. ⇨ 사본 1부(별도∨송부).∨∨끝.

'별도 송부'는 '붙임∨∨계획서∨1부(별도∨송부).∨∨끝.'과 같이 표기합니다.

'별도'는 '따로', '송부'는 '보냄'으로 다듬어 씁니다.

'별송'은 국립국어원 표준국어대사전에서 '별도로 보냄'을 의미하며, 사전에 등재된 말이지만 공문서를 작성할 때는 '별도 송부'의 원래 형태 그대로 표기하기를 권장합니다.

⑦ 사업자^등록증

띄어쓰기가 원칙이되 붙여쓰기를 허용합니다.

공문서 작성법 지침서 예시문 바로잡기 – 사례 4

○○교육청

수신 수신자 참조

(경유)   "○○업무운영 편람"

제목 '○○업무운영 편람' 배부 알림 ❶

1. 관련: ○○과-7224(2022.11.30.) ❷ 2022. 11. 30.

❸ 위 호와 관련하여

2. 위호와 관련하여 「행정업무의 운영 및 혁신에 관한 규정」 개정사항 및 다양한 사례를 반영
   한 '○○업무운영 편람'을 발간하여 다음과 같이 배부하오니 업무에 적극 활용하여 주시기 ❹
   바랍니다.   적극적으로

위로 붙여서 작성   - 다 음 - ❺

    가. 간행물명 : ○○업무운영 편람 ❻
    ❼
    나. 배부시기 : 2022. 12. 2(금)~2022. 12. 16(금) ❽ 2022. 12. 2.(금)~12. 16.(금)
        내용
    다. 배부내역 : 총 765개 기관 1,530부(붙임 참조) ❾
        ❿ 본청   참고
    라. 배부방법 : 도교육청 문서함 배부
                                                        ----> ⓫ 한 줄 띄움(권장)
붙임 : 1. 배부처 1부.
    ⓬   ⓭
       2. ○○업무운영 편람(PDF 파일) 1부. 끝.

① '○○업무운영 편람' ⇨ "○○업무운영 편람"

큰따옴표("")는 대화를 표시하거나 말이나 글을 인용할 때, 문장 안에서 책의 제목이나 신문 이름 등을 나타낼 때 씁니다.

② 2022.11.30. ⇨ 2022.∨11.∨30.

날짜는 숫자로 표기하되 '연, 월, 일'의 글자는 생략하고 그 자리에 마침표를 찍어 표기합니다.

'월, 일'은 '0'을 표기하지 않고, 날짜는 띄어 씁니다.

③ 위와 관련하여 ⇨ 위∨호와 관련하여/위∨호에 따라

공문에 쓰는 '위[上]'는 뒷말과 띄어 씁니다.

④ 적극 활용하여 ⇨ 적극적으로 활용하여

과도한 명사화 구성을 피하고 조사나 어미를 써서 의미를 명확히 표현합니다.

⑤ - 다   음 - ⇨ 삭제

내용과 세부 내용 사이에는 '-아래-', '-다음-'을 쓰지 않고 바로 세부 내용을 작성합니다. '아래와 같이', '다음과 같이' 다음에 '-아래-', '-다음-'을 쓰는 것은 중복된 표현입니다.

⑥ 간행물명∨: ⇨ 간행물명:

제목 다음의 해당 항목에 설명을 붙일 때 쓰는 쌍점(:)은 앞은 붙여 쓰고 뒤는 1타 떼어 씁니다.

⑦ **개정사항, 배부시기, 배부내역, 배부방법**

⇨ **개정∨사항, 배부∨시기, 배부∨내용, 배부∨방법**

각 단어는 띄어쓰기를 원칙으로 합니다. '내역'은 '물품이나 금액의 내용'을 뜻하는 말로 '내용'으로 다듬어 씁니다.

⑧ **2022. 12. 2(금)~2022. 12. 16(금)** ⇨ **2022. 12. 2.(금)~12. 16.(금)**

날짜는 숫자로 표기하되 '연, 월, 일'의 글자는 생략하고 그 자리에 마침표를 찍어 표기합니다. 기간을 표기하면서 중복되는 부분을 생략할 수 있습니다.

⑨ **붙임 참조** ⇨ **붙임 참고**

여기서 '붙임'은 '참조'가 아니라 '참고'를 써야 합니다. '참고'는 우리가 붙임으로 첨부해서 붙여놓고 이것을 재료로 삼아서 보라는 뜻입니다.

⑩ **도교육청** ⇨ **본청**

「지방교육행정기관의 행정기구와 정원기준 등에 관한 규정」 제2조제3호에 "본청 이란 시도교육청의 기관 중 직속 기관 등을 제외하고 교육감을 직접 보조하는 기관을 말한다."라고 되어 있습니다. 따라서 '도교육청'보다 관련 규정에서 정의한 정식 기관 용어인 '본청'을 사용합니다.

⑪ 본문과 붙임 사이에 한 줄 띄웁니다.

붙임은 본문 다음에 바로 붙이거나 한 줄 띄워도 됩니다. 다만, 가독성을 위해서 한 줄 띄우는 것을 권장합니다.

⑫ 붙임∨: ⇨ 붙임

'붙임'을 '붙∨임' 등으로 띄어 쓰거나 붙임 뒤에 쌍점(:)을 찍지 않습니다.

⑬ 1부.∨끝. ⇨ 1부.∨∨끝.

본문 내용의 마지막 글자에서 한 글자(2타) 띄우고 '끝' 표시를 합니다.

무조건 통과하는 공문서 작성법

○○교육청

수신 수신자 참조

(경유)

제목 2022년 ○○ 담당교사 워크샵 개최 알림
            ①   **②**   공동 연수

1. 관련: 총무과-100(2022. 12. 5.) 업무 능력을 높이기 위한

2. 각급 학교 ○○ 담당자의 업무능력 제고를 위한 워크샵을 아래와 같이 개최하오니 업무 담
   당자가 참석할 수 있도록 협조하여 주시기 바랍니다.

   가. 일자: 2022. 12. 12.(월) 14:00
      ④ 일지

   나. 장소: 도교육청 2층 대강당
      ⑤ 본청

   다. 인원 및 대상: 총 150명(유·초·중·고 ○○ 담당교사)

   라. 내용: ○○ 추진방향 공유, 발전방향 토의 등

   마. 시간계획

순	시간		운영 내역 내용	비고
1	13:40 ~ 14:00	20′	등록	
2	14:00 ~ 14:10	10′	개회, 국민의례, 인사말	

⑥ **⑧** **⑦** **⑨** **⑩**

13:40~14:00
14:00~14:10

⑪ W
끝.

① 담당교사, 업무능력, 추진방향, 발전방향, 시간계획

⇨ 담당∨교사, 업무∨능력, 추진∨방향, 발전∨방향, 시간∨계획

문장의 각 단어는 띄어쓰기를 원칙으로 합니다.

② 워크샵 ⇨ 공동 연수

'워크샵', '워크숍'은 '공동 연수', '공동 수련'으로 다듬어 씁니다.

③ 업무능력 제고를 위한 ⇨ 업무 능력을 높이기 위한

'제고'라는 한자어보다 '높이기'로 쓰는 것이 이해하기 더 쉽습니다.

④ 일자 ⇨ 일시

뒤에 시간이 표기되어 있으므로 '일시'로 씁니다.

⑤ 도교육청 ⇨ 본청

「지방교육행정기관의 행정기구와 정원기준 등에 관한 규정」 제2조제3호에 "본청이란 시도교육청의 기관 중 직속 기관 등을 제외하고 교육감을 직접 보조하는 기관을 말한다."라고 되어 있습니다. 따라서 '도교육청'보다 관련 규정에서 정의한 정식 기관 용어인 '본청'을 사용합니다.

⑥ 표는 양쪽 테두리 선을 없애지 않고 기본적인 형태 그대로 작성합니다.

⑦ 내역 ⇨ 내용

'내역'은 '물품이나 금액의 내용'을 뜻하는 말로 '내용'으로 다듬어 씁니다.

⑧ 13:40∨~∨14:00 ⇨ 13:40~14:00

　14:00∨~∨14:10 ⇨ 14:00~14:10

기간이나 거리 또는 범위를 나타낼 때는 물결표(~)를 쓰는 것이 원칙이고, 붙임표(-)를 쓰는 것도 허용됩니다. 이때 물결표(~)나 붙임표(-)는 앞말과 뒷말에 붙여 씁니다.

⑨ '비고'란에 쓸 내용이 없으면 '비고'란을 만들지 않습니다.

⑩ 표의 위치는 왼쪽 기본선부터 오른쪽 한계선까지 전체를 사용하거나, 표 제목의 아래 위치부터 시작해서 오른쪽 한계선까지 작성합니다.

⑪ ∨끝. ⇨ ∨∨끝.

본문이 표로 끝나는 경우에는 표 아래 왼쪽 기본선에서 한 글자(2타) 띄우고 '끝' 표시를 합니다.

○○학교

수신 내부결재

(경유)

제목 학교 외벽 보수 결과 보고

1. 관련: ○○고등학교-1234호❶(2021. 4. 15.)

2. 2021. 4. 15.(목) 교사동 외벽 낙석 발생에 따른 교육지원청 점검·보수 결과를 다음과 같이
   보고합니다.❷ 보고하고자 합니다.

　　가. 점검일시: 2021. 4. 19.(월) 14:00 ❸

　　나. 점 검 자: ○○교육지원청 학교시설지원과 김○○ 외 1명

　　다. 조치현황: 추가 탈락 등 위험 소지가 있으므로 교육시설관리본부에 점검 의뢰 및 보수
　　　　　　　　❹ 전까지 출입 통제

　　라. 보수결과

　　　1)- 2021. 4. 19.(월) 교육시설관리본부 홈페이지에 시설 보수 접수 ❻ 누리집

　　❺ 2)- 2021. 4. 20.(화) 교육시설관리본부 지원팀 현장 점검

붙임 외벽보수 사진 1부. 끝.

① 관련: ○○고등학교-1234호(2021. 4. 15.)

⇨ 1. 관련: ○○고등학교-1234(2021. 4. 15.)

관련 근거를 작성할 때 '연도별 등록 일련번호' 뒤에 '호'를 표기하지 않습니다.

② 보고합니다 ⇨ 보고하고자 합니다

내부결재 문서의 경우 '~하고자 합니다'로 작성합니다.

③ 점검일시, 조치현황, 보수결과, 외벽보수 ⇨ 점검∨일시, 조치∨현황, 보수∨결과, 외벽∨보수

각 단어는 띄어쓰기를 원칙으로 합니다.

④ 다. 조치현황: 추가 탈락 등 위험 소지가 있으므로 교육시설관리본부에 점검 의뢰 및 보수 전까지 출입 통제

⇨ 다. 조치∨현황: 추가 탈락 등 위험이 있으므로 교육시설관리본부에 점검을 의뢰하고 보수 전까지 출입을 통제

항목이 두 줄 이상인 경우 둘째 줄부터는 항목 내용의 첫 글자인 '조'에 맞춰 정렬합니다.

'소지'는 '가지고 있다'로 다듬어 씁니다. 명사형의 나열보다는 조사를 써서 의미를 명확히 나타냅니다.

⑤ - … , - … ⇨ 1) …, 2) …

항목 기호는 상위 항목부터 하위 항목까지 1., 가., 1), 가), ⑴, ⑺, ①, ㉮의 형태로 통일해서 표기합니다. 여기서 특수 기호 '-'보다 '1)', '2)'를 사용합니다.

⑥ **홈페이지 ⇨ 누리집**

'홈페이지'는 '누리집'으로 다듬어 씁니다.

무조건 통과하는 공문서 작성법

○○학교

수신 (수신자 참조) 내부결재

(경유)

제목 2022학년도 학생건강검사 검진기관 만족도 조사 결과

1. 2022학년도 1학년 학생건강검사 검진기관 만족도 조사 결과입니다.

2. 만족도조사 결과를 학교 홈페이지에 탑재하고, 차기년도 건강검진기관 선정에 참고하여 보
   다 내실 있는 건강검진이 될 수 있도록 검진기관에 통보하고자 합니다.

   다음 연도
   누리집 게시
   알리고자/안내하고자

붙임 1. 건강검진기관 만족도 설문조사 결과(○○병원, ○○치과)1부

     2. 건강검진기관 만족도 설문조사 결과(○○병원, ○○치과)1부. 끝.

① 수신자 참조 ⇨ 내부결재

제목의 마지막에 '안내', '알림' 등과 같은 단어로 끝나지 않았고, 항목 기호 '2.'에서 '~하고자 합니다'로 작성한 것으로 볼 때 내부결재 문서입니다.

② 학생건강, 검진기관, 만족도조사, 건강검진기관

⇨ 학생∨건강, 검진∨기관, 만족도∨조사, 건강∨검진∨기관

각 단어는 띄어쓰기를 원칙으로 합니다.

③ 홈페이지 ⇨ 누리집

'홈페이지'는 '누리집'으로 다듬어 씁니다.

④ 탑재 ⇨ 게시

누리집에 어떠한 내용을 올리는 것을 '탑재하다'로 표현하는 것은 자연스럽지 않은 표현입니다. '컴퓨터 통신망이나 인터넷 신문에 파일이나 글, 기사를 게시하다'를 의미하는 '올리다'를 쓰거나, '여러 사람에게 알리기 위하여 내붙이거나 내걸어 두루 보게 하다'를 의미하는 '게시하다'를 쓰는 것이 적절합니다.

⑤ 차기년도 ⇨ 다음 연도

'차기'는 '다음', '다음번'으로 다듬어 쓰고, '년도'는 '연도'가 올바른 표기입니다.

⑥ **통보하고자** ⇨ **알리고자/안내하고자**

'통보하다'는 고압적이거나 권위적인 표현이므로 '알리다'로 순화하여 씁니다.

⑦ ⑧ **(○○병원, ○○치과)1부** ⇨ **(○○병원, ○○치과)∨1부.**

'1부' 앞에는 1타 띄우고 뒤에는 마침표를 찍습니다.

공문서 작성법 유튜브 예시문 바로잡기

○○시

수신 수신자 참조

(경유)

제목 행정구역(법정동)코드 변경 알림 ❶

---

1. ○○도 토지관리과-16461(2019.1.5.)호와 관련됩니다. ❸ 2019. 1. 5. ❷

2. 위호와 ❹ 관련하여 ❺ 행정구역변경에 따른 행정구역(법정동)코드 변경내역을 붙임과 같이 ❻ 내용 통보하오니 ❼ 알려드리니 업무에 참고하시기 바랍니다.

　　가. 행정구역 명칭변경: ○○도 △△군 □□면→△△군 □□읍 ❽

　　나. □□읍 설치 예정일: 2019.2.1. 2019. 2. 1.

　　다. 관련근거: 「△△군 □□읍 설치 및 읍의 관할구역 변경에 관한 조례」(제47호, 2017.12.28.) 2017. 12. 28.

붙임 행정구역(법정동)코드 변경내역(□□읍) 1부. 끝. 내용

① 행정구역(법정동)코드 ⇨ 행정구역(법정동)∨코드

행정구역은 띄어 쓰는 것이 원칙이나 붙여 쓰는 것을 허용합니다.

② 2019.1.5., 2019.2.1., 2017.12.28.

  ⇨ 2019.∨1.∨5., 2019.∨2.∨1., 2017.∨12.∨28.

날짜는 숫자로 표기하되 '연, 월, 일'의 글자는 생략하고 그 자리에 마침표를 찍어 표기합니다. '월, 일'은 '0'을 표기하지 않고, 날짜는 띄어 씁니다.

③ '1. ○○도 토지관리과-16461(2019. 1. 5.)호와 관련됩니다.'

'~호와 관련됩니다'는 '~호와 관련된 문서입니다', '~와 관련합니다' 등으로 쓸 수 있습니다. 또한 '1. 관련: ○○도 토지관리과-16461(2019. 1. 5.)'처럼 간단하게 작성할 수 있습니다.

④ 위호와 ⇨ 위∨호와

공문에 쓰는 '위ᄇ'는 뒷말과 띄어 씁니다.

⑤ 행정구역변경, 변경내역, 명칭변경, 관련근거

⇨ 행정구역∨변경, 변경∨내용, 명칭∨변경, 관련∨근거

각 단어는 띄어쓰기를 원칙으로 합니다.

⑥ 내역 ⇨ 내용

'내역'은 '물품이나 금액의 내용'을 뜻하는 말로 '내용'으로 다듬어 씁니다.

⑦ 통보하오니 ⇨ 알려드리니

'통보하다'는 고압적이거나 권위적인 표현이므로 '알리다'로 순화하여 씁니다.

⑧ 가. 행정구역 명칭변경: ○○도 △△군 □□면→△△군 □□읍

위 표현은 아래처럼 작성할 수도 있습니다.

가. 행정구역 명칭 변경

  1) 기존: ○○도 △△군 □□면

  2) 변경: △△군 □□읍

부록 2
가장 많이 사용하는
공문서 대표 서식 20

1 의견 조회 공문 작성하기

수신 수신자 참조

(경유)

제목 「유아교육법∨시행규칙」∨일부∨개정령안∨의견∨조회

1.∨관련:∨법제업무∨운영규정∨제11조의2∨및∨같은∨법∨시행규칙∨제8조의2

2.∨「유아교육법∨시행규칙」∨일부∨개정령안에∨따른∨각∨기관의∨의견을∨조회하오니, 의견이∨있는∨기관은∨검토∨의견서를∨작성하여∨2022.∨9.∨5.(월)까지∨제출하여 주시기∨바랍니다.
　　　※∨기간∨내∨미제출∨시∨'의견∨없음'으로∨처리함.

붙임∨∨1.∨「유아교육법∨시행규칙」∨일부∨개정령안∨1부.
　　　2.∨검토∨의견서(작성∨서식)∨1부.∨∨∨끝.

2 입법 예고 공문 작성하기

수신 수신자 참조

(경유)

제목 ○○○∨규정∨일부∨개정에∨따른∨입법∨예고

1.∨관련:∨「행정절차법」∨제41조

2.∨「○○○∨규정」∨일부∨개정에∨따라∨그∨취지와∨주요∨내용을∨미리∨알려∨주민∨등 이해관계인의∨의견을∨듣기∨위해∨다음과∨같이∨입법∨예고합니다.

∨∨가.∨법규명:∨○○○∨규정∨일부∨개정안

∨∨나.∨입법∨예고∨기간:∨2022.∨8.∨17.(화)~9.∨5.(월),∨20일간

∨∨다.∨입법∨예고∨내용:∨붙임∨참고

∨∨라.∨입법∨예고∨방법:∨'○○○∨누리집-법무∨행정-입법∨예고'∨메뉴에∨게시

붙임∨∨1.∨입법∨예고문∨1부.

∨∨∨∨∨∨2.∨일부∨개정∨규정안∨1부.∨∨∨끝.

3 규칙 개정 알림 공문 작성하기

수신 수신자 참조

(경유)

제목 「○○○∨규칙」∨개정∨알림

··

1.∨관련:∨「○○○∨규칙」(교육부령∨제123호,∨2022. 9. 5.,∨일부∨개정)

2.∨「○○○∨규칙」이∨일부∨개정되었음을∨알려드리니∨업무에∨참고하시고,∨소속∨기
관∨등에∨안내하여∨주시기∨바랍니다.
∨∨가.∨○○○∨처리∨근거∨마련
∨∨나.∨○○○∨시험∨대체∨가능∨근거∨마련

3.∨이∨법령은∨전자∨관보(gwanbo.go.kr)∨및∨국가법령정보센터(www.law.go.kr)에서
확인∨가능하오니∨참고하시기∨바랍니다.

붙임∨∨1.∨「○○○∨규칙」∨1부.
　　　2.∨신구∨조문∨대비표∨1부.∨∨끝.

---

4 강사 위촉 및 출강 요청 공문 작성하기

수신 수신자 참조

(경유)

제목 공문서∨바로∨쓰기∨교육∨출강∨요청

· ·

1.∨귀∨기관의∨무궁한∨발전을∨기원합니다.

2.∨우리∨시∨직원들의∨직무∨능력∨향상을∨위한∨'공문서∨바로∨쓰기'∨교육에∨귀∨
기관∨소속∨직원의∨출강을∨요청하오니∨협조해∨주시기∨바랍니다.
∨∨가.∨교육명:∨공문서∨바로∨쓰기
∨∨나.∨일시:∨2022.∨9.∨15.(목)∨14:00~17:00
∨∨다.∨장소:∨○○구청∨대회의실(○○시∨○○구∨○○로∨1101)
∨∨라.∨대상∨및∨인원:∨○○시∨6급∨이하∨공무원∨150여∨명
∨∨마.∨강사:∨○○○.∨∨∨끝.

5 전담팀 위촉 및 회의 참석 요청 공문 작성하기

수신 수신자 참조

(경유)

제목 ○○∨분석∨전담팀∨회의∨개최∨및∨참석∨협조∨요청

1.∨관련:∨○○과-12345(2022.∨7.∨10.)

2.∨2022회계연도∨○○∨분석∨전담팀∨제1차∨협의회를∨다음과∨같이∨개최하오니,∨대상자가∨회의에∨참석할∨수∨있도록∨협조하여∨주시기∨바랍니다.

∨∨가.∨일시:∨2022.∨9.∨14.(수)∨13:00~16:00

∨∨나.∨장소:∨101호∨회의실

∨∨다.∨참석자∨명단:∨붙임∨참고

∨∨라.∨회의∨내용

∨∨∨∨1)∨2022회계연도∨○○∨분석

∨∨∨∨2)∨지적∨사항에∨따른∨개선∨방안∨협의

붙임∨∨1.∨○○∨분석∨전담팀∨구성∨및∨운영∨계획∨1부.

　　　2.∨회의∨자료∨1부.∨∨∨끝.

6 회의 결과 안내 공문 작성하기

수신 수신자 참조

(경유)

제목 제3회∨○○○∨위원회∨회의∨결과∨안내

1.∨관련:∨총무과-3060(2022.∨9.∨15.)

2.∨○○○∨위원회∨제3회∨회의∨결과를∨다음과∨같이∨안내하오니∨각∨기관에서는 ∨업무∨담당자에게∨안내하여∨주시기∨바랍니다.

3.∨또한,∨해당∨부서에서는∨회의∨결과에∨따라∨관련∨업무가∨차질∨없이∨추진될∨ 수∨있도록∨적극적으로∨협조하여∨주시기∨바랍니다.

이∨공문은∨전∨기관에∨동시∨발송합니다.

붙임∨∨제3회∨○○○∨위원회∨회의∨결과∨1부.∨∨끝.

7 참석자 명단 제출 공문 작성하기

<발송할 때>

수신 수신자 참조

(경유)

제목 2022년도∨○○∨업무∨담당자∨공동∨연수∨개최∨및∨참석자∨명단∨제출∨안내

1.∨관련:∨○○과-11020(2022.∨7.∨8.)

2.∨2022년∨○○∨업무∨담당자∨공동∨연수를∨다음과∨같이∨개최하오니,∨참석자∨
명단을∨기한∨내∨제출하여∨주시기∨바랍니다.

∨∨가.∨행사명:∨2022년도∨○○∨업무∨담당자∨공동∨연수

∨∨나.∨일시:∨2022.∨8.∨11.(목)∨10:00~15:30∨※∨09:50까지∨등록

∨∨다.∨장소:∨○○호텔∨대회의실

∨∨라.∨대상:∨○○∨업무∨담당자

∨∨마.∨제출∨방법

기관(학교)	제출∨기한	제출처
학교	2022.∨7.∨20.(수)	교육지원청∨○○과
교육지원청	2022.∨7.∨25.(월)	본청∨○○과

붙임∨∨1.∨2022년도∨○○∨업무∨담당자∨공동∨연수∨계획∨1부.

∨∨∨∨∨2.∨참석자∨명단(작성∨서식)∨1부.∨∨∨끝.

<제출할 때>

수신 ○○교육지원청교육장(○○과장)

(경유)

제목 2022년도∨○○∨업무∨담당자∨공동∨연수∨참석자∨명단∨제출

···

1.∨관련:∨○○과-11030(2022.∨7.∨10.)

2.∨2022년도∨○○∨업무∨담당자∨공동∨연수∨참석자∨명단을∨붙임과∨같이∨제출합
니다.

붙임∨∨참석자∨명단∨1부.∨∨끝.

8 요구 자료 제출 공문 작성하기

<발송할 때>

수신 수신자 참조

(경유)

제목 [긴급]∨○○∨감사∨요구∨자료(○○∨현황)∨제출∨안내

....

1. ∨관련: ∨○○과-7073(2022.∨9.∨1.)
2. ∨2022년∨○○∨감사∨요구∨자료를∨다음과∨같이∨안내하오니∨기한∨내∨제출해∨
주시기∨바랍니다.
　∨∨가.∨요구∨자료: ∨최근∨3년간(2019. 9. 1.~2022. 8. 30.)∨○○∨현황
　∨∨나.∨제출∨대상: ∨전∨기관
　∨∨다.∨제출∨기한: ∨2022. 9. 5.(월)∨15:00

붙임∨∨최근∨3년간∨○○∨현황(작성∨서식)∨1부.∨∨∨끝.

<제출할 때>

수신 ○○○과장

(경유)

제목 ○○∨감사∨요구∨자료(○○∨현황)∨제출

....

1. ∨관련: ∨○○과-7080(2022.∨9.∨5.)
2. ∨2022년∨○○∨감사∨요구∨자료(○○∨현황)를∨붙임과∨같이∨제출합니다.

붙임∨∨∨최근∨3년간∨○○∨현황∨1부.∨∨∨끝.

<제출할 때>

수신 ○○○과장

(경유)

제목 ○○ ∨감사 ∨요구 ∨자료(○○ ∨현황) ∨제출

1. ∨관련: ∨○○과-7080(2022. ∨9. ∨5.)

2. ∨우리 ∨기관은 ∨해당 ∨사항 ∨없음을 ∨제출합니다. ∨ ∨끝.

9   업무 분장 안내 공문 작성하기

수신 수신자 참조

(경유)

제목 2022.∨9.∨1.∨자∨○○과∨업무∨분장∨안내

2022.∨9.∨1.∨자∨인사∨발령에∨따른∨○○과∨업무∨분장을∨붙임과∨같이∨안내하오니∨업무에∨참고하시기∨바랍니다.

이∨공문은∨해당∨기관에∨게시∨공문으로∨안내합니다.

붙임∨∨○○∨업무∨분장표∨1부.∨∨끝.

설문 조사 협조 요청 공문 작성하기

수신 수신자 참조

(경유)

제목 ○○∨계획∨수립을∨위한∨설문조사∨협조∨요청

1.∨관련:∨○○과-4542(2022.∨6.∨24.)

2.∨○○∨계획∨수립을∨위한∨설문조사를∨다음과∨같이∨실시하오니,∨설문∨대상자
가∨많이∨참여할∨수∨있도록∨적극적으로∨안내하여∨주시기∨바랍니다.
∨∨가.∨설문∨내용:∨○○∨설문조사
∨∨나.∨설문∨기간:∨2022.∨6.∨29.(수)~7.∨5.(화)
∨∨다.∨설문∨대상:∨국공립∨교원
∨∨라.∨참여∨방법:∨붙임∨참고

붙임∨∨○○∨설문조사∨참여∨방법∨안내∨1부.∨∨끝.

공모전 홍보 및 참여 협조 요청 공문 작성하기

수신 수신자 참조

(경유)

제목 제3회∨○○∨공모전∨홍보∨협조∨요청

....

1.∨귀∨기관의∨무궁한∨발전을∨기원합니다.

2.∨○○시에서는∨2022년∨제3회∨○○∨공모전을∨아래와∨같이∨개최하오니∨많은∨분들이∨응모할∨수∨있도록∨적극적으로∨홍보하여∨주시기∨바랍니다.

∨∨가.∨공모전명:∨제3회∨○○∨공모전

∨∨나.∨응모∨기간:∨2022.∨7.∨1.(금)~7.∨15.(금)

∨∨다.∨참가∨대상:∨학생,∨교원

∨∨라.∨제출∨서류:∨참가∨신청서,∨서약서,∨개인정보∨이용∨동의서

∨∨마.∨응모∨방법:∨담당자∨전자∨우편(ⅩⅩⅩⅩ@naver.com)으로∨서류∨제출

∨∨바.∨시상∨내용:∨최우수상∨1명,∨우수상∨2명,∨장려상∨3명

∨∨사.∨결과∨발표:∨2022.∨7.∨28.(목)∨10:00∨○○시∨누리집

붙임∨∨1.∨제3회∨○○∨공모전∨계획∨1부.

∨∨∨∨∨∨2.∨홍보∨자료∨1부.∨∨끝.

공모전 기간 연장 안내 공문 작성하기

수신 수신자 참조

(경유)

제목 2022년∨○○∨공모전∨공모∨기간∨및∨결과∨발표∨연장∨안내

1.∨관련:∨○○과-5702(2022.∨7.∨1.)

2.∨2022년∨○○∨공모전∨공모∨기간을∨다음과∨같이∨연장하오니,∨응모∨대상자가∨많이∨참여할∨수∨있도록∨적극적으로∨홍보하여∨주시기∨바랍니다.

∨∨가.∨공모전명:∨○○∨공모전

∨∨나.∨변경∨내용

구분	기존	변경
응모∨기간	2022.∨7.∨15.(금)∨18:00	2022.∨7.∨29.(금)∨18:00
결과∨발표	2022.∨7.∨28.(목)∨10:00	2022.∨8.∨8.(월)∨10:00

∨∨끝.

13   행사 개최 안내 공문 작성하기

수신 수신자 참조

(경유)

제목 제17회∨○○∨행사∨안내∨및∨홍보∨협조∨요청

1.∨귀∨기관의∨무궁한∨발전을∨기원합니다.

2.∨우리∨부는∨○○∨활성화를∨위해∨전∨국민을∨대상으로∨제17회∨○○∨행사를∨
다음과∨같이∨개최하오니∨적극적인∨홍보를∨부탁드립니다.
∨∨가.∨행사명:∨제17회∨○○∨행사
∨∨나.∨행사∨기간:∨2022.∨9.∨24.(토)~9.∨25.(일)
∨∨다.∨장소:∨○○시청∨대공연장
∨∨라.∨주최:∨○○부
∨∨마.∨주관:∨○○시
∨∨바.∨주요∨내용
∨∨∨∨1)∨○○○∨강연∨및∨○○∨공연
∨∨∨∨2)∨○○∨전시회∨운영∨등

붙임∨∨1.∨제17회∨○○∨행사∨계획∨1부.
　　　　2.∨행사∨포스터∨1부.∨∨끝.

14 교육 동영상 배포 및 활용 안내 공문 작성하기

수신 수신자 참조

(경유)

제목 ○○∨예방을∨위한∨동영상∨자료∨활용∨안내

1.∨관련:∨○○과-7458(2022.∨8.∨19.)

2.∨○○∨종사자의∨○○∨예방을∨위해∨체조∨동영상∨자료를∨제작하여∨다음과∨같이∨배포하오니,∨각∨기관에서는∨적극적으로∨활용하여∨주시기∨바랍니다.

∨∨가.∨동영상∨종류:∨예방∨체조∨4종,∨마무리∨체조∨1종

∨∨나.∨주요∨내용

∨∨∨∨1)∨준비∨운동∨1단계:∨간단한∨팔∨동작

∨∨∨∨2)∨준비∨운동∨2단계:∨손목,∨팔목,∨어깨,∨허리∨등

∨∨다.∨활용∨시간:∨작업∨시작∨전∨10분

∨∨라.∨동영상∨게시∨위치:∨○○교육청∨누리집-○○과-동영상∨자료실.∨∨끝.

15 지침서 배부 안내 공문 작성하기

수신 수신자 참조

(경유)

제목 학교∨ 급식∨ 관계자∨ 식중독∨ 주의∨ 정보∨ 지침서∨ 배부∨ 안내

1.∨ 관련:∨ ○○처∨ ○○○과-1112(2022.∨ 8.∨ 1.)

2.∨ ○○처에서∨ 식중독∨ 예방을∨ 위한∨ "식품∨ 안전∨ 지침서"를∨ 제작하여∨ 다음과∨
　 같이∨ 배부하오니,∨ 업무에∨ 참고하시기∨ 바랍니다.
　∨∨ 가.∨ 배부∨ 대상:∨ 초·중·고·특수학교
　∨∨ 나.∨ 배부∨ 수량:∨ 학교당∨ 1부(붙임∨ 참고)
　∨∨ 다.∨ 배부∨ 방법:∨ 우편∨ 발송
　∨∨ 라.∨ 배부∨ 기간:∨ 2022.∨ 8.∨ 5.(금)~8.∨ 19.(금)
　∨∨ 마.∨ 참고∨ 사항:∨ 식품∨ 안전∨ 지침서는∨ '식품안전나라∨ 누리집-위해·예방-식중독∨
　　　 정보-식중독∨ 예방∨ 홍보∨ 자료'에서∨ 확인할 수 있습니다.

| 이∨ 공문은∨ 해당∨ 기관에∨ 게시∨ 공문으로∨ 안내합니다. |

붙임∨∨ 식품∨ 안전∨ 지침서∨ 배부처∨ 목록∨ 1부.∨∨ 끝.

연수 신청 안내 공문 작성하기

수신 수신자 참조

(경유)

제목 ○○∨연수∨과정∨및∨신청∨안내

1.∨관련:∨○○과-25445(2022.∨9.∨26.)

2.∨○○∨연수를∨다음과∨같이∨실시하오니∨대상자가∨신청할∨수∨있도록∨안내하여∨
주시기∨바랍니다.
∨∨가.∨연수∨과정

과정명	대상	교육∨기간	교육∨시간	인원
칼퇴근을∨부르는∨엑셀	일반직	2022.∨10.∨12.(수)~10.∨14.(금) 09:30~16:30	3일(18시간)	50명
이제∨나도∨유튜브∨스타	교원	2022.∨10.∨19.(수)~10.∨21.(금) 09:30~16:30	3일(18시간)	80명
톡톡∨튀는∨영상∨편집자∨되기	일반직	2022.∨10.∨31.(월)~11.∨2.(수) 09:30~16:30	3일(18시간)	80명

∨∨나.∨신청∨기간:∨2022.∨9.∨28.(수)∨13:00~10.∨4.(화)∨18:00

∨∨다.∨신청∨방법:∨○○센터∨누리집에서∨신청∨※∨[붙임∨2]∨참고

∨∨라.∨교육∨방법:∨집합∨교육

∨∨마.∨교육∨장소:∨○○센터∨1층∨컴퓨터실

> 이∨공문은∨해당∨기관에∨게시∨공문으로∨안내합니다.

붙임∨∨1.∨○○∨연수∨계획∨1부.
∨∨∨∨∨2.∨연수∨신청∨방법∨1부.∨∨끝.

17 연수 대상자 안내 공문 작성하기

수신 수신자 참조

(경유)

제목 2022년∨○○∨과정∨연수∨대상자∨알림

···

1.∨관련:∨○○과-25777(2022.∨10.∨4.)

2.∨2022년∨○○∨과정∨연수∨대상자를∨붙임과∨같이∨안내하오니,∨대상자가∨연수
에∨참석할∨수∨있도록∨협조하여∨주시기∨바랍니다.
∨∨가.∨연수∨과정:∨2022년∨○○∨과정∨연수
∨∨나.∨연수∨대상:∨○○∨관계자∨82명
∨∨다.∨연수∨일정
∨∨∨∨1)∨1차:∨2022.∨7.∨27.(수)∨09:00~16:00
∨∨∨∨2)∨2차:∨2022.∨7.∨28.(목)∨09:00~16:00
∨∨라.∨연수∨대상자∨명단:∨붙임∨참고
∨∨마.∨연수∨장소:∨○○대학교∨대강당
∨∨바.∨행정∨사항
∨∨∨∨1)∨연수일∨08:50까지∨입실하시기∨바랍니다.
∨∨∨∨2)∨연수∨여비는∨개인∨계좌로∨입금∨예정입니다.

붙임∨∨1.∨2022년∨○○∨과정∨연수∨계획∨1부.
∨∨∨∨∨2.∨2022년∨○○∨과정∨대상자∨명단∨1부.∨∨∨끝.

18 상시 학습 인정 시간 안내 공문 작성하기

수신 수신자 참조

(경유)

제목 2022년∨○○∨역량∨강화∨연수∨상시∨학습∨인정∨시간∨안내

1.∨관련:∨○○과-10497(2022.∨8.∨5.)

2.∨2022년∨○○∨역량∨강화∨연수∨참석에∨따른∨상시∨학습∨인정∨시간을∨다음과∨
같이∨안내하오니∨해당∨기관에서는∨상시∨학습∨실적에∨등록될∨수∨있도록∨협조하여
∨주시기∨바랍니다.

∨∨가.∨연수명:∨2022년∨○○∨역량∨강화∨연수

∨∨나.∨연수∨일시:∨2022.∨8.∨17.(수)∨14:00~16:00

∨∨다.∨연수∨장소:∨○○연수원∨인재관

∨∨라.∨연수∨형태:∨집합

∨∨마.∨학습∨유형:∨기관∨주관∨교육∨훈련-직장∨교육-직무,∨시책,∨소양

∨∨바.∨인정∨시간:∨2시간

붙임∨∨연수∨참석자∨등록부∨1부.∨∨끝.

19 점검 계획 안내 공문 작성하기

수신 수신자 참조

(경유)

제목 2022년∨○○○∨지급∨실태∨점검∨계획∨안내

....

1.∨관련:∨○○○과-3743(2022.∨5.∨19.)

2.∨2022년∨○○○∨지급∨실태∨점검∨계획을∨다음과∨같이∨안내하오니∨해당∨기관에서는∨적극적으로∨협조해∨주시기∨바랍니다.

∨∨가.∨점검∨기간:∨2022.∨7.∨1.(금)~7.∨29.(금)

∨∨나.∨점검∨대상∨및∨방법:∨붙임∨참고

∨∨다.∨중점∨점검∨사항

∨∨∨∨1)∨○○○∨행위

∨∨∨∨2)∨지급∨대상자∨해당∨여부

∨∨∨∨3)∨심사∨의결서∨작성∨여부

붙임∨∨2022년∨○○○∨지급∨실태∨점검∨계획∨1부.∨∨∨끝.

지출 품의서(물품 구입/간담회 개최) 작성하기

<물품 구입>

수신 내부결재

(경유)

제목 ○○과 ∨레이저 ∨프린터 ∨구입

○○과 레이저 ∨프린터를 ∨다음과 ∨같이 ∨구입하고자 ∨합니다.

1. ∨목적: ∨부서 ∨신설에 ∨따른 ∨프린터 ∨구입

2. ∨품명: ∨레이저 ∨프린터(Kyocera document solutionz P5021cdnG)

3. ∨소요 ∨예산: ∨금253,000원(금이십오만삼천원)

4. ∨산출 ∨내용: ∨253,000원 X 1대=253,000원

붙임 ∨ ∨1. 지출 ∨품의서 ∨1부.

　　　 2. 견적서 ∨1부. ∨ ∨끝.

<간담회 개최>

수신 내부결재

(경유)

제목 2023년∨○○∨계획∨수립을∨위한∨간담회∨개최

1. ∨관련:∨○○과-1234(2022.∨9.∨8.)

2. ∨2023년∨○○∨계획∨수립을∨위한∨간담회를∨다음과∨같이∨개최하고자∨합니다.
∨∨가.∨일시:∨2022.∨9.∨14.(수)∨14:00
∨∨나.∨장소:∨관내∨식당
∨∨다.∨참석∨인원:∨총∨7명(○○담당∨및∨업무∨관계자∨7명)
∨∨라.∨소요∨예산:∨금140,000원(금일십사만원)
∨∨마.∨산출∨내용:∨20,000원×7명=140,000원
∨∨바.∨지출∨과목:∨인사조직과-인사행정-후생복지-효율적인 ○○관리 추진-업무추진비-
시책추진업무추진비(203-03)

붙임∨∨지출∨품의서∨1부.∨∨끝.

국립국어원 표준국어대사전

공문서 작성법의 가장 마지막은 띄어쓰기입니다. '국립국어원 표준국어대사전'을 즐겨찾기 해놓고 활용하시기 바랍니다.

https://stdict.korean.go.kr

국립국어원 다듬은 말

'국립국어원 다듬은 말'에는 현재 사용하는 단어가 다듬은 말인지 확인할 수 있습니다.

https://korean.go.kr/sunhwa

국립국어원 온라인 가나다

'국립국어원 온라인 가나다' 게시판은 온라인으로 편리하게 어문 규범, 어법, 표준국어대사전 내용 등을 질문할 수 있도록 국어 상담 서비스를 운영하고 있습니다. 게시판에 글을 남기면 최소 3일 이내에 답변을 받아볼 수 있습니다.

https://korean.go.kr/ganada

카카오톡 우리말365

카카오톡에서 '우리말365'를 친구 추가하면 국립국어원에서 운영하는 '우리말365'를 이용할 수 있습니다. '우리말365'는 국립국어원 국어생활종합상담실로서 우리말에 관한 간단한 질문에 즉시 답변하고 있습니다. 상담 건수는 1인 하루 5회로 제한됩니다.

한국어 어문 규범

공문서 작성에서 사용하는 부호가 헷갈릴 때는 한국어 어문 규범 누리집의 '한글 맞춤법' 부록(문장부호)의 용례를 참고하시기 바랍니다. 국립국어원에서는 2014년 「문장부호」 규정을 개정하였습니다.

https://kornorms.korean.go.kr

부산대 한국어 맞춤법/문법 검사기

부산대 맞춤법 검사기는 부산대학교 인공지능연구실과 나라인포테크가 공동 개발한 한국어 맞춤법/문법 검사기입니다. 교정할 내용을 도움말로 자세히 알려줍니다. 한 번에 300어절씩 검사 가능합니다.

http://speller.cs.pusan.ac.kr

법제처(국가법령정보센터)

법령명은 법제처에 등재된 대로 정확하게 표기해야 합니다. 법제처 누리집에서 현행 법령을 검색할 수 있습니다.

https://www.moleg.go.kr

<1유형>

"쉬운 공공언어쓰기 길잡이"(작성자: 문화체육관광부·국립국어원), 2014년, 문화체육관광부·국립국어원(https://korean.go.kr)

"문장부호 이렇게 바뀌었습니다"(작성자: 국립국어원 이대성), 2014년, 국립국어원(https://korean.go.kr)

"2016년 한눈에 알아보는 공공언어 바로 쓰기"(작성자: 국립국어원 공공언어과), 2016년, 국립국어원(https://korean.go.kr)

"행정업무운영 편람"(작성자: 행정안전부), 2020년, 행정안전부(https://mois.go.kr)

"국민이 이해하기 어려운 한자어 공문서에서 퇴출"(작성자: 김남주), 2019년, 행정안전부(http://mois.go.kr)

<3유형>

"행정업무운영실무"(작성자: 채희선), 2022년, 지방자치인재개발원(https://logodi.go.kr)

참고 규정

「행정업무의 운영 및 혁신에 관한 규정」

「행정업무의 운영 및 혁신에 관한 규정 시행 규칙」

「한글 맞춤법」 부록(문장 부호)

공무원, 공공기관 및 대학교 직원

저자 직강으로 공문서 작성의 완성도를 높여보세요!

티처빌연수원(https://www.teacherville.co.kr) → 쌤동네
→ 검색창 "무조건 통과하는 공문서 작성법" 검색

교원

10차시 직무연수 신청으로 **이수시간도 인정**받고, **연수비는 환급**받으세요!
《무조건 통과하는 공문서 작성법》은 이 과정에서 부교재로 활용합니다.

티처빌연수원(https://www.teacherville.co.kr) → 연수 신청 → 티스콘 직무연수

무조건 통과하는
공문서 작성법

초판 1쇄 발행 2023년 5월 10일
초판 7쇄 발행 2024년 12월 2일

지은이 이무하
펴낸이 이범상
펴낸곳 (주)비전비엔피 · 비전코리아

기획편집 차재호 김승희 김혜경 한윤지 박성아 신은정
디자인 김혜림 이민선
마케팅 이성호 이병준 문세희
전자책 김성화 김희정 안상희 김낙기
관리 이다정

주소 우)04034 서울시 마포구 잔다리로7길 12 (서교동)
전화 02)338-2411 | **팩스** 02)338-2413
홈페이지 www.visionbp.co.kr
인스타그램 www.instagram.com/visionbnp
포스트 post.naver.com/visioncorea
이메일 visioncorea@naver.com
원고투고 editor@visionbp.co.kr

등록번호 제313-2005-224호

ISBN 978-89-6322-208-0   13320